유쾌한 유머

성공해서 웃는 것이 아니라
웃다 보니 성공했다

인생을　성공으로　이끄는

유쾌한 유머

대한민국 유머 강사 1호 | **김진배 지음**

나무생각

성공해서 웃는 것이 아니라 웃다 보니 성공했다

- 시킨 일 하고 있는데 와서 또 다른 일 시키는 상사

- 퇴근 후 일 시키는 상사

- 툭하면 직원들 보고 사직서 내란 소리나 하는 상사

- 이름 낼 만한 일은 자기가 한 것처럼 위에다 보고하는 상사

- 일 못할 땐 차라리 욕을 하지, 그냥 한심하다는 듯 스윽 쳐다보고
  비웃는 상사

- 회식 때마다 술에 취해 자신의 군대 시절 이야기를 토씨 하나 안
  바꾸고 반복해 말하는 상사

- 자기에게 아부하는 사람만 노골적으로 챙겨주는 상사

- 쉬는 시간도 없이, 예정보다 길게 졸리는 강의를 계속하는 상사

- 쉬는 날 갑자기 불러내더니 늦게 왔다고 인상을 쓰며 "직장이 있어야 당신도 있어"라고 말하는 상사
- 같은 일로 화내기도 하고 칭찬도 하는, 예측 불허 변덕대왕 상사
- 추진력 없는 상사
- 여러 사람 앞에서 야단치는 상사
- 일을 맡겨놓고도 믿지 못해 자꾸 확인하는 상사
- 업무와 전혀 무관한 일을 지시하거나 시비를 거는 상사
- 입사 동기생은 무시하고 상사하고만 어울려 다니는 동료
- 뒤에서는 험담하며 앞에선 듣기 좋은 소리 하는 후배
- 실수 한 번 지적했더니 사표 쓰겠다고 방방 뜨는 후배

- 할 일 없어도 빈둥빈둥 시간 때우며 야근해야 하는 회사
- 출근 시간은 새벽이고 퇴근 시간은 완전 예측 불허인 회사
- 월급이 나오지 않을 때
- 능력에 상관없이 학연, 지연, 혈연으로 대우받을 때
- 나이도 한참 어린 상사가 반말할 때
- 터무니없는 요구를 하는 고객을 왕처럼 모셔야 할 때
- 아무런 변화 없는 똑같은 일상이 반복될 때

이상은 직장인들에게 '당신은 언제 스트레스를 받는가?'란 질문을 던졌을 때 나온 대답들이다. 직장인의 95퍼센트가 스트레스에 시달리고 있다.

　직장 선후배, 동료는 어찌 보면 가족 이상으로 중요한 사람들이다. 재미있게 지내면 친척 이상으로 귀한 사이겠으나 현실은 그렇지 않다. 즐겁고 신나야 할 직장 생활이 불쾌하고 짜증나는 스트레스 경연장으로 변하는 것이다.

　말 못 하는 사람은 없다. 어릴 때부터 말을 해왔기 때문이다. 그런데 영어나 인터넷이라면 배워야지 하면서도, 말이나 화술을 거론하면 소 닭 보듯 시큰둥하게 여기는 사람이 많다.

　말은 누구나 하지만 제대로 하는 사람은 거의 없다. 말은 전달 기능 외에도 용기와 치료의 도구 역할을 하기도 한다. 상처를 주는 것도 한마디 말이지만, 한마디 말이 상처받은 사람을 치유해주기도 한다. 절망의 말과 희망의 말이 다르고, 낙담케 하는 말과 용기를 주는 말이 다르다.

　현대를 '유머의 시대'라고들 한다. 적절한 유머는 그 무엇보다 큰 힘을 발휘한다. 한 예를 보자. 포로수용소에서 죽을 날짜를 받아놓고 하루하루를 보내는 포로들의 얼굴에는 이미 죽음의 그림자가 드리워져 있었다. 그런데 그 포로들 중 한 사람이 기막힌 유머를 구사하자, 포로들 사이에서 폭소가 터졌다. 한바탕 웃고 난 포로들의 얼굴에서는 예전에는 없던 생기가 다시 돌기 시작했다. 우여곡절을 겪은 후 결국 그 포로들은 처형당하지 않고 탈출해 또 다른 인생을 살았다.

　만약 그날의 유머가 없었다면 죽음의 공포 속에 갇혀 포로들은 지레 삶을 포기하고 절망 속에서 스스로 죽어갔을 것이다.

유머는 시대적 필요를 넘어 생존의 필수 항목으로 떠올랐다. 현대인들이 받는 스트레스는 수용소의 포로가 받는 그 이상의 좌절감을 안겨주고 있다.

지금 당장 웃어보라. 고통의 무게가 놀랍게 줄어든다. 그러니 웃음을 만들어주는 유머는 이 시대 우리들의 최고 병기이다.

성공하고 싶은가? 그렇다면 지금까지 당신이 계획해온 순서를 바꾸어라. 우선 웃어라. 그리고 유머를 배워라. 성공해서 웃는 것이 아니라, 웃다 보니 성공했다. 이것은 나의 지론이기도 하지만 최근 펀(Fun) 경영과 함께 주변에선 웃음이 번져가고 있다. 유머, 이 시대 새로운 성공학의 출현이다.

대한민국 유머 강사 1호
김진배

3 인간관계 재치 있는 유머가 당신의 인생을 바꾼다

1

리더십

유쾌한 리더가
조직을 성공으로 이끈다

자신의 감정을
다스려라

부장은 미소를 지으면서도 김 대리를 충분히 야단치고 있다. 어떻게? 이제부터 분석과 훈련을 해보자. 원리는 단순하다.

- 1단계 : 상대의 단점이 보인다.
- 2단계 : 분노와 짜증의 감정으로 큰소리가 나오려 한다. 여기서 우선 멈춤. 일단 마음을 다스린다.
- 3단계 : (미소를 띠며) 단점이 오히려 칭찬거리인 양 표현한다.

다른 상황으로 연습해보자. 유머 강사 김 아무개 씨 집의 어느 날 상황. 딸이 자기 방 청소를 하지 않았다.

- 1단계 : 참 게으른 놈이군. 자기 방도 안 치우다니.
- 2단계 : "야! 너 이게 무슨 짓이야! 여태까지 네 방도 안 치우고. 한심한 것 같으니……." 이런 불타는 감정이 목청을 치고 올라오지만 초강력 냉방 시스템을 가동해 일단 마음을 다스린다.
- 3단계 : (미소를 띠며) "다희야, 이 방 모습을 보니 아빤 네가 참 대단하다는 생각이 드는구나. 지저분한 것들을 밟지 않고 피해 다니는 고도의 운동신경, 게다가 엄마가 대신 해줄 걸 믿는 판단력, 더욱 놀라운 건 충분히 예견되는 엄마의 엄청난 잔소리까지도 묵묵히 감수하려는 정신력까지 갖추었으니 말야."

게으른 부하를 보는 상사의 마음은 둘이다. 연민과 분노다. '나도 저랬지(연민)'와 '저런 한심한 놈!(분노)'의 감정이다. 분노하고 질책하면서도 마음 한구석에 연민의 정이 있는 상사라면 진정 존경받을 수 있지 않을까?

현대 직장인들은 너무나 지쳐 있다. 비 맞은 삼베 바지처럼 기력이 떨어지고, 복날 어물전 동태 눈처럼 초점이 흐려졌다. 과다한 업무, 상사의 비난과 질책, 거래처 고객과의 밀고 당기기……. 아~ 휴대전화 배터리 빼고 며칠 잠수하고 싶은 심정이다. 그러나 여우 같은 마누라와 토끼 같은 자식들을 보면 차마 그럴 수 없다.

물론 상사들도 할 말은 있다. 과다한 업무라고? 상사의 비난이 비인격적이라고?

"우린 1960, 70년대 경부고속도로 건설 현장에서 사흘 밤낮을 단 한숨도 안 자고 일했지. 인격이라구? 하하, 인격 같은 소리 하고 있네! 조장에게 욕을 먹어도, 감시 나온 장교들에게 조인트를 맞아도 좋으니 터널이 무너지지 않기만을 바라며 일했어. 그때 죽으면 그야말로 개죽음이었으니까. 직장이 아니라 전쟁터를 다닌 거지. 요즘 친구들 한참 빠져가지구……."

물론 맞는 말이다. 지금의 풍요가 선배들의 피와 땀으로 이루어진 것도, 과거에 비해 연봉 액수, 업무 시간, 작업 환경 등 근무 조건이 눈부실 정도로 좋아진 것도 확연한 사실이다.

그러나 그렇다고 해서 정제되지 않은 감정의 폭발이 받아들여지는 건 아니다. 모욕감을 들게 하는 상사의 비난은 대인 관계에서나 생산성 측면에서 전혀 도움이 되지 않는다. 과거에 상사들이 감정대로 화를 내고 소리를 질렀다 해서 지금 상사들의 그런 행위가 용납되는 건 아니다. 지금 젊은이들에게 과거의 잣대를 들이대는 건 무리다. 어제의 한강 물과 오늘의 한강 물이 다르듯 과거는 과거, 현재는 현재다. 억울해도 과거는 흘러갔다. 로마에 가면 로마 법을 따르라고 하지 않았는가. 21세기엔 21세기의 방법을 따르자.

만에 하나 "×도 모르는 ××" 등의 육두문자같이 감정이 실린 욕설과 비난이 업무에 도움이 된다면 또 모른다. 그러나 그건 "난 리더십 없소" 하고 사방에 광고하는 것에 다름 아니다. 추어탕 특유의 냄새를 없애는 데는 산초가 최고이듯이 나쁜 감정을 달래는

꿀꺽
1초
3초
10초

데는 유머가 최고다. 앞에서 부장이 보여주는 유머는 칭찬의 형식을 한 꾸중이다. 만약 부장이 유머를 빼고 감정적으로 나갔다면 아마 이렇게 나왔을 것이다.

"그렇게 게을러터진 주제에 월급 받길 바래? 회사가 땅 파서 사업하는 줄 알아? 자네 아니라도 우리 회사에 들어온다는 사람 줄 섰어!"

감정을 뺀 유머 화법은 적어도 세 가지의 장점이 있다.

우선 상사와 후배 간의 인간관계가 돈독해진다. 독이 섞인 말은 쉽게 치유되지 않는 법이다. 욕을 먹은 후배는 비슷한 처지의 동료와 포장마차에서 당신에 대한 험담을 늘어놓을 것이고, 당신에 대한 앙심은 장마철 먹구름처럼 오래오래 지속될 것이다. 그러다가 중요한 순간에 당신에게 적대적인 편에 설지도 모른다. 회사의 기밀을 팔아먹은 사람들을 조사해 일탈 행위의 원인을 물어보면 놀랍게도 돈의 유혹보다는 업무상 느낀 인격 모독과 분노를 이유로 대는 사람이 많다.

무엇보다 결정적인 것은 생산성이다. 마음의 응어리는 원만한 커뮤니케이션을 방해하고, 이는 조직의 와해와 실적 부진으로 이어진다. 특히 요즘 젊은 세대는 비인간적인 대우에 대한 인내심이 많지 않다.

감정을 다스리지 못하는 사람은 대부분의 인간관계에서 피해를 볼 확률이 높다. 스트레스를 받으면 대부분 상처받은 감정을 갖게 되고, 다시 그가 상대하는 사람에게 상처를 준다. 한마디로 스트레스의 악순환이다. 그러나 감정을 다스리는 능력을 가진 사람은 다르다. 쓰레기를 받아 값나가는 퇴비를 만드는 장치처럼, 스트레스를 받아도 전혀 짜증나지 않는 것으로 만들어버린다.

"선배님 화내시는 것 보니까 제가 정말 잘못했다는 걸 알겠군요. 앞으로 잘하겠습니다. 그리고 또 잘못하는 게 있으면 눈물이 쏙 나오도록 야단쳐주세요. 사실 선배님이 자주 야단치시는 건 그만큼 저를 아끼시기 때문이라 생각해요. 야단치셔도 속으론 제가 잘되길 바라시죠? 하하."

꾸중을 들은 후배만 상처받는 게 아니다. 화를 내는 상사도 마찬가지의 상처를 받는다. 결재 서류를 챙겨 돌아서는 후배의 축 처진 뒷모습을 보는 선배의 기분을 생각해본 적이 있는가? 그래서 씩씩한 자세로 더 야단치라고 말하는 후배를 대하면 상사들은 너털웃음을 터뜨리면서 감정의 바다에서 빠져나오게 된다.

"뭐 저런 놈이 다 있어? 아주 물건이구먼. 허허, 괜찮은 친구 같은데 한번 두고보자고."

직장 생활도 결국 인간 사는 세상이고, 대부분의 인간은 비슷하게 분노하고 비슷하게 유쾌해한다. 사람을 유쾌하게 만들어주는 비밀 병기. 직장 생활의 혼란과 수많은 대인 관계의 얽히고설킨 문제에는 유머가 그 답이다!

유머식 충고를
익혀라

돈 씀씀이가 헤픈 신입 사원이 경리과장에게 쭈뼛거리며 말한다.

"과장님…… 가불을 좀 하고 싶은데요……."

그러자 경리과장이 기특하다는 듯이 말한다.

"그거 참 잘됐군."

"예?"

"나도 신입 사원 때 곧잘 가불을 했는데, 갚을 때까지는 작업 능률이 무지무지 올랐었거든."

사사건건 따지고 드는 대리에게 과장이 묻는다.

"자네, 명석함과 지혜로움의 차이를 아나?"

"잘 모르겠는데요."

"상사의 말에서 오류를 찾아내는 건 명석함이고, 그걸 입 밖으로 꺼내지 않는 건 지혜로움일세."

요즘 윗사람 노릇 하기가 정말 힘들어졌다. 구타나 욕설은 언감생심 꿈도 못 꾸고, 얼굴만 찡그려도 홈페이지 게시판에 도배되고 인권 모독, 저질 상사, 공공의 적으로 매도당한다. 생각할수록 속상하다. 아니, 내가 신입 사원 때는 필설로 형언할 수 없을 정도의 심한 비난과 모욕도 말없이 견뎌내야 했었는데, 이제 와서 이럴 수가……. 그러나 억울해도 할 수 없다. 시대가 변했다.

'새 술은 새 부대에'란 말도 있다. 이 시대의 키워드는 유머다. 그러므로 충고는 유머로 시작하자. 유머는 그저 웃음만 만들어내는 것에 그치지 않기 때문이다. 오히려 상대를 점잖게 충고하는 풍자의 도구로도 훌륭하다.

철없이 돈을 펑펑 써대는 부하 직원들을 보면 어떤 상사라도 한마디 하고 싶어지는 것이 당연하지만, 그렇다고 낯을 붉혀가며 잔소리를 하는 것은 유능한 리더가 할 일이 아니다. 자칫하면 사생활 간섭이라며 부하 직원의 반발을 사서 관계만 악화될 수도 있기 때문이다. 하지만 유머를 사용해 말한다면 지출을 줄이라거나 가불하고 나서 열심히 일하라는 메시지를 흔쾌히 받아들일 수 있을 것이다.

두 번째 사례에 등장하는 과장 역시 대리에게 매우 효과적인 일침을 가하고 있다. 그는 막무가내로 상사에게 따지지 말라고 윽박지르는 대신, "비판이나 문제 제기는 좋지만 자넨 좀 지나쳐" "너무 튀지 않는 지혜가 명석함을 더 빛나게 할 수도 있네"라는 뜻을 유머를 통해 우회적으로 표현함으로써 자칫 오해를 살 수도 있는 충고를 자연스럽게 전달하고 있다.

우린 오랫동안 감정 내키는 대로 말하고 질책하는 시대를 통과해왔다. 한마디로 말하자면 직설법 문화다. 유교적 장유유서(長幼有序)의 전통과 수직주의 하이어라키(hierarchy, 계층제) 조직이 일반적이었던 시대에는 아랫사람에게 인격 모독적인 질책과 꾸중을 해도 자연스럽게 받아들여졌다. 그러나 그런 시대는 끝나가고 있음을 당신도 느끼고 있을 것이다.

충고를 하되 감정이 섞인 방법은 안 된다. 그래서 대안이 필요한데, 그게 바로 돌려 말하기다. 유머가 가진 완충작용을 이용해 후배가 스스로 깨닫게 하는 고도의 충고 전략이다. 마치 유도의 기술 중 낙법을 이용해 넘어질 때의 충격을 최소화하여 척추를 보호하는 것과 비슷하고, 복어에서 독을 제거해 맛과 안전의 두 가지의 측면을 도모하는 것과도 유사하다.

그런데 이런 유머형 충고의 경지에 오르려면 두 가지 관문을 넘어야 한다. 하나는 감정의 관문이요, 다른 하나는 습관의 관문이다. 인간이 실수를 하고 사물을 제대로 인식하지 못하는 것은 대부분 이 때문이다.

후배의 하는 꼴을 보고 있자니 천불이 난다. 그럼 제1관문에 걸린 것이다. 감정의 파고가 순한 양처럼 잠잠해질 때까지 기다려라. 사람에 따라 정도의 차이는 있지만 보통 3~5초 정도 자신의 내면을 들여다보면 맥주 거품 가라앉듯 감정이 편안해지는 걸 느낄 수 있다. 얼굴이 붉어지고 침 튀겨가며 말하는 것과 차분한 얼굴로 조리 있게 말하는 것은 대인 관계적 측면에서나 효율성으로 보나 천

양지차다.

　다음은 제2관문인 습관의 벽. 사람은 어떤 인생을 살아왔느냐에 따라 세상을 보는 눈이 다르게 형성된다. 여기에서 가치관, 인생관, 편견 등이 생기는바, 이 단계를 돌파하기란 더욱 어렵다. 남은 잘도 보이는 자신의 문제점을 스스로는 보기가 어렵기 때문이다. 우리가 신입 사원 때부터 겪었던 것들이 시간이 흐르면 습관이 되고, 이걸 이겨나가려면 독서와 사색 그리고 대화라는 절차가 필요하다. 그때 옳았다 해서 지금도 옳다는 건 단순화의 오류요 편견이다. 새 시대엔 새로운 리더십이 요구된다. 유머형 충고가 필요한 이유다.

딱딱한 규칙일수록
부드럽게 제시하라

사규, 회사 규칙, 정관, 조직의 규정, 꼭 지켜야 할 원칙……. 이 같은 말만 들어도 우리는 경직된다. 인간의 창의성과 자유를 억압하는 말들이다. 그렇다고 해서 이런 규칙들을 없앨 수는 없다. 질서를 잡아주는 역할을 하기 때문이다. 이왕 있어야 한다면 마크 트웨인의 지혜를 빌려 좀 더 부드럽고 유머러스하게 표현해보자.

• 잔디밭 출입 금지! → 밟으면 아파요.
• (화장실에서) 한 발 더 앞으로 → 당신이 날 깨끗하게 쓴다면 나도 내가 본 것을 아무에게도 말하지 않겠어요.

요즘에는 딱딱한 규칙 표현도 유머러스하고 부드럽게 진화하고 있다. 1980년대를 거쳐 1990년대에는 잔디밭의 경고 문구가 완연히 부드러워지더니, 2000년대에 나온 화장실의 문구는 우울함에 빠진 사람들까지도 절로 미소 짓게 한다.

'규칙의 유머화'를 비즈니스에 실천해서 크게 성공한 경영인이 있다. 사우스웨스트 항공의 켈러허 회장이 그 주인공이다. 그는 유머스러운 직장 분위기를 통해 회사 내 커뮤니케이션을 활성화하고, 직원들의 의견을 적극적으로 수렴하고 문제점을 개선해 탑승자 평균 대기 시간을 45분에서 10분으로 줄이는 기적을 일구어냈다. 그는 직원들에겐 물론이고, 승객들에게도 유머를 구사한다.

"오늘 우리 비행기에 탑승하신 승객 여러분을 환영합니다. 저희 항공사에선 고객들의 요구에 의해 흡연석을 마련했습니다. 담배를 피우실 분들께선 날개 위로 와주시기 바랍니다. 담배를 피우며 영화도 볼 수 있도록 준비했습니다. 영화 제목은 〈바람과 함께 사라지다〉입니다."

흡연석을 마련했다는 말에 의아해했던 승객들은 날개 위로 올라오란 말에 유머 센스가 뛰어난 사람부터 하나둘 웃음을 터뜨리고, 급기야 영화 제목을 듣고는 모두가 폭소를 터뜨린다. 다른 항공사를 이용할 때는 기계적이고 무뚝뚝한 금연 경고 방송(흡연 시 즉각 체포!)을 듣고 움츠러들었던 승객들이 켈러허 회장의 유머에 출발 시간부터 즐거운 기분이 들었던 것이다.

유머 경영을 통해 비약적으로 회사를 성장시킨 켈러허 회장은 인간의 마음 깊은 곳에 있는 규칙에 대한 저항 심리를 누구보다 잘 파악한 사람이다.

사람들은 규칙이라면 따분해하고 저항하고픈 마음이 있다. 자유를 구속하기 때문이다. 딱딱한 얼음덩어리에 달콤한 팥과 시럽이 합쳐지면 매혹적인 아이스크림이 되듯, 딱딱한 규칙에 유머를 더하면 그건 이미 우리에게 다정하고 친근한 것이 된다.

부드러운
두부란다..

용서의 리더십을 가져라

IBM의 창업자인 톰 왓슨이 회장으로 있을 때 일이다. 한 간부가 위험 부담이 큰 사업을 벌였다가 1천만 달러가 넘는 엄청난 손실을 냈다. 왓슨에게 불려 들어온 간부가 의기소침한 표정으로 물었다.

"물론 저의 사표를 원하시겠죠?"

그러자 왓슨이 당치도 않다는 표정을 지으며 말했다.

"지금 농담하는 건가? IBM은 자네의 교육비로 무려 1천만 달러를 투자했단 말일세."

'손해＝교육 비용'으로 등치시키는 리더의 발상과 기지가 빛난다. 실수한 간부는 회사에 1천만 달러의 손해를 끼쳤다. 그러나 리더의 유머 한마디로 힘과 용기를 얻은 그 간부는 그 후 수십 배의 이익을 올려 일등공신으로 탈바꿈했다. 진정한 유머에는 휴머니즘이 묻어 있는 법이다.

왓슨의 유머 방법은 어렵지 않게 활용할 수 있다.

“자네 판단으로 인한 이번 손실이 9천만 원이야.”

“죄송합니다…….”

“죄송하긴. 자네에게 한 1억 투자하면 쓸 만한 인재가 되어서 회사에 막대한 이익을 주는 인물이 되리라 판단했는데, 드디어 그 시간이 다가오는구먼.”

물론 무능력한 자가 이런 손해까지 끼치면 당장 쫓아내고 싶겠지만, 유능한 사람을 한 번 실수로 비난하고 코너에 몰아넣는 것은 어리석은 리더나 할 짓이다. 비슷한 예화가 우리 기업인에게도 있다.

고(故) 정주영 회장이 젊은 시절 정비 센터를 운영할 때 직원의 실수로 불이 나서 공장이 몽땅 타버린 적이 있다. 직원들은 그야말로 죽고 싶은 마음뿐이었다. 드디어 호랑이 정 회장이 나타났다. 하지만 정 회장은 온화한 미소를 띠며 말했다.

“왜 이래, 기운 내! 어차피 그 공장 다시 지으려고 했어. 철거 비용 굳었구먼. 자, 오늘은 그 비용으로 막걸리 파티 열자구.”

질책과 함께 쫓겨날 줄 알았던 직원들은 정 회장의 익살에 감동을 받았고, 그 후로 정 회장의 말이라면 지옥의 불구덩이에 들어가라는 명령에도 흔들리지 않았다. 이런 리더십을 통해 마침내 세계 속의 ‘현다이(HYUNDAI)’가 탄생하게 된 것이다.

제갈공명의 용서 리더십도 빼놓을 수 없다. 그는 남만의 장수 맹획을 일곱 번이나 사로잡았다. 잡을 때마다 놓아주면 배신하고, 또 잡아 풀어주면 또 배신하고……. 이러기를 무려 일곱 번. 잡았을 때 용서하지 않고 처단할 수도 있었지만, 그러면 다른 장수들이 또 공격해올 것을 짐작했기에 배신을 예측하면서도 계속 용서를 해주었다. 전략적 용서였던 것이다.

제갈공명과 달리 예수의 용서는 무조건적이다. 제자가 묻는다.

"선생님은 용서를 너무 좋아하시는 것 같은데, 몇 번까지 용서해주어야 합니까?"

"일흔 번씩 일곱 번 용서해라."

일흔 번씩 일곱 번이면 무려 490번이다. 491번째 배신을 하는 친구라면 혼 좀 내줄 수 있겠지만, 우리네 짧은 인생사에서 동일인에게 어찌 그리 많은 배신이 있으랴. 그러니 이것저것 따지지 말고 용서해주라는 가르침이다.

아무리 선현들의 가르침이 있어도 보통 사람들은 실천이 그리 쉽지 않다. 이제 용서의 노하우를 알아보자.

첫째, 말로만 실수한 사람은 용서하자. 나쁜 행동을 한 것은 아니니까.

둘째, 나쁜 행동을 했어도 피해본 게 없으면 용서하자. 친구가 나를 때리려다 헛치고 넘어진 경우.

셋째, 피해본 게 있어도 경미한 건 용서해주자. 고발, 소송, 비난……. 욕해봤자 쩨쩨하다고 나만 욕먹는다. 친구가 내게 주먹질을 했지만 일회용 반창고 정도의 경미한 상처가 난 경우.

넷째, 피해가 막심해도 잘못했다고 빌며 용서를 구하면 너그럽게 용서해주자.

다섯째, 막심한 피해를 입히고도 사과도 안 하는 친구, 한마디로 인간 말종인 경우에 한해선 용서해주지 말고 겁나게 복수해버리고도 싶지만, 나 아니라도 매일 사람들에게 손가락질받는 바닥 인생을 비난해 무엇하리. 인생이 불쌍하니 용서해주자.

위로 화법을 구사하라

언더우드 목사가 단순히 희망을 설교했다면 의례적인 방문이 되었을지 모른다. 그러나 위로로 무장한 유머와 한바탕 웃음은 젊은 목사에게 마음속으로부터 샘솟는 용기를 주었고, 그 젊은 목사는 다시 힘을 얻어 성공적인 목회 활동을 할 수 있었다.

우리의 몸과 마음은 그 옛날 목이 마르면 물 마시고 졸리면 아무

데서나 잠이 들었던 원시인과 비슷하지만, 사회는 엄청 변했다. 그 차이만큼 마음 깊은 곳에서 스트레스도 많이 생긴다. 치열한 경쟁이 있으니 성공자가 생기고, 그 이상의 낙오자도 생긴다. 그래서인지 아픔과 좌절에 빠진 사람들에게 위로와 용기를 주는 노래도 부쩍 많이 불려진다. 위로의 수요가 그만큼 많아진다는 이야기가 되는데, 위로의 기술이야말로 문명 시대를 살아가는 작금에 더욱 간절히 요구되는, 수요는 넘치고 공급은 부족한 특급 능력이다.

언더우드는 절망적 상황을 희망으로 재구성하고 낙관으로 재설계하고 있다. 그가 교인을 전도해준다거나 건물을 크게 지을 수 있는 돈을 제공해준 것이 아니다. 그가 한 것은 단지 말 한마디에 지나지 않는다. 그러나 상황을 새롭게 해석해주는 것만으로도 얼마든지 위로가 되며, 상처를 감싸주는 건 바로 이런 말 한마디다.

주위를 둘러보면 위로를 받을 사람들로 가득 차 있다. 당신이 근무하는 회사엔 얼마나 많은 사람이 있는가? 그중 열에 아홉은 위로를 간절히 필요로 하고, 나머지 하나는 조만간 위로를 필요로 할 사람이다. 세상 모든 사람들이 위로를 받고 싶어 하는 외로운 사람들이라 생각하면 틀림없다. 남의 위로 없이도 존재할 수 있는 초인(超人)은 상상 속에서만 존재한다.

회사원 김선영 씨는 회식 자리, 특히 노래방 가는 걸 극도로 불편해한다. 노래 솜씨가 영 아니기 때문이다. 그녀는 박자 무시, 음정 무시, 멜로디 무시, 음치의 3대 요건을 완벽하게 갖추었다. 1절이 끝날 때쯤이면 사무실 선배 언니들이 으레 마이크를 빼앗아 2절을 멋들어지게 대신 부른다. 그녀의 수호천사인 당신이 그 자리의 사회자라면 체면을 살려줘보라.

"반주기에 구애받지 않는 창의력이 돋보이는군요. 작곡가의 의도를 재창조하는 능력도 발군이고요. 박수 한번 쳐주세요!"

회사에서 청춘을 다 바쳤는데 어느 날 갑자기 명퇴라는 날벼락을 맞아 의기소침, 망연자실한 부장님 환송식 자리.

"부장님의 능력을 세상이 몰라서 아쉽습니다. 천재는 세상을 수십 년 앞서 가는 사람이라고 하지요. 너무 일찍 태어난 천재는 외롭습니다. 부장님은 오늘 떠나시지만 언젠간 모두가 아쉬워할 거라고 생각합니다."

주위를 둘러보면 실패자들로 가득하다. 영업 실패, 기획 실패, 판단 실패, 상사에게 야단맞고 괴로워하는 직원들, 고객에게 외면받고 힘들어하는 동료들……. 위로는 당신의 몫이다. 순발력도 화술도 필요하지만 진정 위로하고자 하는 마음만 있다면 얼마든지 할 수 있다. 남을 위로할 따뜻한 마음이 있다면, 나이나 직급과 관계없이 당신은 진정한 리더다.

상대에게도 아킬레스건이 있음을 기억하라

　　루이 11세는 불길한 예언으로 사람들을 현혹시키는 예언자들을 모조리 잡아들여 처형시키라는 명령을 내렸다. 어느 날 그중에서도 손꼽히는 예언자 한 사람이 체포되었다는 보고를 받은 루이 11세가 직접 그 사람을 불렀다.

　　"네가 정말 예언자라면 네 운명도 한번 맞혀보거라. 네가 얼마나 더 살아 있을 것 같으냐?"

　　"예, 폐하. 정확한 날짜는 알 수 없지만 제가 폐하보다 3일 먼저 죽는다는 것만큼은 확실합니다."

　　황제는 예언자의 생살여탈권을 즐기고 있다. '네가 뭐라 하든 넌 내 밥이야. 30년 후에 죽는다고? 가소롭군. 3일 후에 죽여주지. 오호, 20년 후에 죽는다고? 이틀 후에 죽여주지. 내가 진정 네 목숨의 예언자라구, 알았어?'

　　자신만만한 황제. 그러나 예언자는 그런 심중을 거울 보듯 꿰뚫고 있다. 황제가 가진 무력(武力)을 능가하는, 인간의 정신 깊은 곳을 흔드는 영적(靈的) 능력을 발휘하고 있다. '마음대로 하십시오. 그러나 절 죽이고 편히 주무시지는 못할걸요. 3일 후엔 폐하도 죽게 되니까요. 자, 두 손 들고 항복하시죠?'

배짱 놀음에서 판정승한 예언자는 유유히 궁을 빠져나왔을 뿐만 아니라, 죽는 순간까지 최고의 식사와 진료는 물론 황제에 준하는 경호를 받았다. 행여 병이라도 나면 더 안타까워하는 황제의 안절부절을 은근히 비웃으면서.

비즈니스 현장은 인간성이 넘치는 동창회도 아니고, 페어플레이 정신과 엄격한 룰이 적용되는 올림픽 경기도 아니다. 비즈니스를 하다 보면 항상 신사적인 사람만 만나는 건 아니다. 때론 나의 약점을 잡아 집요하게 괴롭히는 경우도 당한다. 피도 눈물도 없는 인수합병, 중요 정보를 가지고 있는 자의 은근한 협상 압력 등을 상상해보라. 인정에 호소하고 진심을 다해 긍정정인 상황을 적극적으로 설명해도 통하지 않는 경우도 있다. 그러나! 이런 위기 시에도 유머가 문제를 해결해준다.

'이에는 이, 눈에는 눈'을 사용할 때가 온 것이다. 상대가 나의 약점을 걸고 최후의 공격을 해온다. 간략하게 순서화해보자.

- 1단계 : 상대의 의견을 받아들인다.
- 2단계 : 내가 피해를 보면 상대도 피해를 볼 수밖에 없다는 사실을 인식시킨다.

제2차 세계대전 때 스위스가 이 방법으로 피해를 줄였다. 독일이 스위스를 공격하려 하자, 스위스는 자신들의 의사를 분명히 했다.

- 1단계 : 독일이 전쟁을 걸면 스위스는 막을 힘이 없다는 걸 인정한다.
- 2단계 : 그러나 항복은 없다. 최후의 한 사람까지 게릴라가 되어 끝까지 저항할 것이다. 우리가 궤멸될 즈음이면 독일도 만신창이가 되어 있을 것이다. 우리는 중립을 지키고 싶다. 가부간 결정하라.

원래는 독일이 스위스를 협박하려 했는데 거꾸로 스위스가 강대국인 독일에게 정신적인 압박을 가했고, 이에 놀란 히틀러는 스위스를 자극하지 않으려 조심할 수밖에 없었다.

너도 망하고 나도 망하는 이런 극단적인 해결을 프로들은 원치 않는다. 바둑을 수담(手談)이라고도 한다. 손으로 상대방과 마음의 대화를 나누는 것이다.

"자, 그 대마(大馬) 내놓으시지."

"그래? 그럼 당신 대마도 끝장이야. 한번 해볼까?"

세계 최고 수준에 오른 이창호 바둑을 보면 큰 욕심을 부리는 경우가 드물다. 이쪽을 공격하는 듯하며 저쪽을 양보하고, 큰 이익을 보면 약간의 이익은 상대에게 양보한다. 타협하며 은근히 두다 보면 최후에 반 집이나 한 집 반이라는 미세한 차이로 승리를 하는 경우가 다반사다.

반면 아마추어들은 겉옷 벗고 도망가는 상대방을 기어이 쫓아가서 속옷까지 벗으라고 공격하다가 불의의 일격을 받아 패하는 경우를 자주 본다. 마지막 순간까지 가지 않고 타협하는 능력의 차이가 프로와 아마추어를 가른다.

이제는
펀(Fun) 경영이다

몇몇 소규모 점포 사장들이 한탄한다.

- 스포츠 용품 : 88올림픽 이래 최대 불황이야.

- 주유소 : 1970년대 석유 파동 이래 최대 불황이야.

- 전자대리점 : 일제 시대 이래 최대 불황이야.

마지막으로 서점 주인이 한마디 하자 모두 입을 다문다.

- 서점 주인 : 우린 한글 창제 이래 최대 불황이야.

반면 재미있는 광고판도 있다.

- 미용실 : 언젠가는 사람들을 외모로 판단하는 시대가 막을 내릴

  것입니다. 그때까지는 염색과 파마는 우리 헤어살롱에 맡겨주시

  기 바랍니다.

- 레스토랑 : 만일 5분 이내에 주문한 음료가 나오지 않으면 아마 8,

  9분 아니면 12분 정도 기다리시면 됩니다. 그러니 그냥 편하게

  쉬고 계세요.

- 정신과 병원 : 건망증 환자 치료비는 선불입니다.
- 담배 회사 : 한 갑당 한 개씩 쿠폰 드려요. 5만 개 모으면 폐암 수술 무료로 받을 수 있습니다.

앞의 유머에 나오는 사장들은 부정적이고 지친 모습을 보이고 있는 반면, 뒤의 유머에 나오는 사장들은 긍정적이며 생동감 있는 모습을 보여주어 대조가 된다. 당신이 경영자라면 과연 어떻게 행동하겠는가?

경영자의 권위란 현실에 대한 판단과 미래에 대한 비전, 그리고 과감한 결단력 등 경영적인 요소에 의해 확보되는 것이지 단순히 엄숙한 표정이나 행동을 보인다고 해서 생겨나는 것은 아니다. 특히 신세대 사원들이 많아지고 있는 요즘에는 그런 딱딱함이 오히려 경영자의 이미지에 손상을 입힐 수도 있다.

세계적인 기업 카운슬러인 데브라 밴턴의 말을 들어보자.

"나는 최고경영자가 종업원들의 얼굴에 파이를 던지고, 행운의 편지를 써서 보내고, 공개적으로 속옷을 선물하고, 긴 내의를 입고 식탁 위에서 춤을 추고, 친구의 화장실 변기 위에 가짜 폭탄을 설치하는 등의 익살스런 장면을 많이 보았다."

이런 행동을 보이는 경영자들이 과연 부하 직원들로부터 '점잖지 못한 노친네'라는 비웃음을 받을 것인가? 그렇지 않다. 밴턴이 관찰한 사람들은 한결같이 국제적으로 명성이 높은 대기업을 이끄는 일류 경영자들이다.

그들은 자신이 언제 진지한 모습을 보여야 하고, 언제 유머러스한 모습을 보여야 하는지 잘 알고 있다. 또 언제 논리적 설명이 필요하고, 언제 엉뚱한 농담이 필요한지 잘 알고 있다.

경영자들에게 유머러스한 액션이 필요한 이유는 또 있다. 그들의 말과 표정과 행동은 간부와 직원들에게 많은 영향을 미치기 때문이다. 중요한 결정이 필요한 순간에, 혹은 회사가 위기에 봉착한 순간에 경영자가 심각하고 불안한 모습을 보이면 순식간에 회사 전체가 동요하게 된다. 그런 상황을 피하려면 때로는 약간의 '연기'를 통해서라도 직원들을 안정시켜야 한다.

데브라 밴턴은 경영자, 연예인, 운동 선수, 정치가 등이 참석한 파티에서 한 CEO를 관찰한 적이 있었다. 그는 《포춘》지가 선정한 세계 500대 기업 중 하나를 경영하는 유명한 기업인이었다. 그가 테이블을 돌아다니며 많은 사람들과 유쾌하게 담소하는 모습을 지켜본 밴턴은 그의 행동이 매우 친근하고 자연스럽다는 느낌을 받았다. 적절한 표정, 재미있는 제스처, 그리고 때로는 매우 과장된 몸짓……. 그녀가 농담조로 물었다.

"혹시 연기를 하고 싶다는 생각을 한 적은 없습니까?"

"지금 하고 있지 않습니까."

그의 대답이었다.

유머 경영의 뿌리라고 볼 수 있는 것 중 하나는 바보제(The Feast of Fools)다. 정확히 번역하면 '바보들이 벌이는 축제'라고 할 수 있는데, 내가 대학원에서 유머에 관한 논문을 쓸 때 중요한 참고 서적

이었던 책들 중 하나의 제목이기도 하다.

중세 유럽에 축제가 하나 있었다. 이날이 되면 모두 익살스런 가면을 쓰고 난장판이 되어 놀았다고 한다. 이 축제에선 귀족과 천민, 주인과 노비가 서로 입장을 바꾸는 놀이를 했다. 시쳇말로 소위 '야자 타임'을 하는 것인데, 이 축제 한 번이면 웃음과 스트레스 해소는 물론 서로의 입장을 상호 이해하는 부가 효과까지 있었다. 후에 일부 권위주의적인 성직자와 귀족들의 반발로 이 축제가 없어지자 사회는 병들었고, 유럽은 몰락하게 된다.

"이 축제 한번 도입하면 어떨까요?"

기업에 강의를 나가면 CEO나 인사 책임자를 만나는데 간혹 건의도 했다. 그냥 노는 것보다는 서로 입장을 바꿔보는 것이다. 그날 하루는 사장이 회사 경비를 서거나 상점을 돌아다니며 영업을 한다. 말단 신입 사원 중 하나가 임원 입장에서 결재를 한다. 생각만해도 신나지 않을까? '그래! 나도 언젠가는 이 회사에서 사장이 되는 거야!' 하는 꿈도 심어줄 수 있다.

그리고 사내에 유머 룸(humor room)을 만들어보자. 이곳은 신성 불가침 지역이다. 여기선 어떤 낙서나 고함도, 풍자나 비난도 용서가 된다. 회사의 이익에 반하는 비윤리적인 모습도 고발할 수 있어야 한다. 지연 · 혈연 · 학연 따라 모이기, 공과 사 구분 못 하기, 회사 비품 마음대로 가져가기, 아랫사람 깔보기 등 회사 발전에 문제가 되는 것도 다 벽에 적을 수 있다. 이곳은 또한 일에 지친 직원들의 휴게실도 되고, 때론 피난처도 된다.

유머 데이(humor day)도 한 방법이다. 창립기념일 혹은 아무 날
이나 하루를 정해 멋진 모자를 쓰고 오는 날, 꽃남방을 입고 오는
날, 청바지를 입고 오는 날로 정해보자.

스트레스나 불만을 품고 끼리끼리 모여 수군수군거리고, 눈치나
보며 궁시렁궁시렁 뒷말이나 하는 조직에겐 미래가 없다. 유머 경
영은 그러므로 자연스럽게 윤리 경영, 투명 경영으로 연결된다. 웃
고 신나게 일하는 가운데 직원들에게 자연스레 주인의식을 갖게 하
는 것이다.

2

직장

현명한 유머는
인재가 되는 비결이다

백수일수록
당당하라

백수일수록 당당하라. 당신이 지방 대학 출신으로 수년째 수많은 면접만 보고 취업은 안 된다고 주눅들 것 없다. 수천 수백 번 면접을 볼수록 당당해야 한다. 기왕 이렇게 된 것, 대한민국에서 최고로 면접을 많이 본 사람이란 자부심이라도 가져라. 아니면 그간의 경험을 바탕으로 나중에 '면접의 ABC'란 책을 써서 베스트셀러 작가라도 될지 혹은 누구처럼 개그 코너 백수 시리즈로 뜰지 누가 알겠는가?

1970, 80년대 고도 성장기엔 대학 3학년이면 입도선매로 팔려

나가는 경우도 허다했다. 산업이 급속도로 발전하면서 인력이 부족했던 것이다. 당시 학생들은 기업으로부터 장학금 받아가면서, 아이들 가르쳐 학비 벌어가면서 졸업장만 따면 만사 오케이였다.

그러나 지금은 사정이 다르다. 대학을 졸업하고 곧바로 취업하는 것은 기적 같은 일이 되어버렸다. 요즘 취업 준비생들의 이력은 그야말로 화려하다. 토익, 학점, 영어 연수, 특별활동, 프레젠테이션, MBA, 공인회계사 등 각종 자격증이 넘쳐난다. 그래도 취업이 안 된다. 예전같이 학생들 가르칠 시간도, 낭만적인 축제를 즐길 시간도 없이 그저 공부만 해도 회사원 되기가 하늘의 별 따기다.

이런 상황이 수년째 계속되면 마치 달팽이가 껍질 속으로 몸을 숨기듯 몸과 마음이 위축되고, 사람 만나는 게 부담스럽게 마련이다. 그러나 그런다고 상황이 나아질 것은 없다. 그렇다고 초조해하거나 당황해하진 말자. 그럴수록 당당할 필요가 있다.

유비가 삼고초려(三顧草廬)를 할 정도로 인기가 하늘을 찔렀던 제갈공명의 당시 직업은 하얀 손. 그렇다. 그는 백수(白手)였던 것이다. 그러나 그는 당당했다. 아니 오히려 자신을 취업시켜주려고 온 최고경영자 유비를 피했다. 소 위에 올라타 피리를 분다든가 하면서 고고하게 행동했다. 그러자 오히려 애가 탄 쪽은 유비였다. 전화도 전보도 없던 시절 세 번씩이나 방문해서 기다리고 기다리던 끝에, 드디어 죽은 사람 소원도 들어준다는 기분으로 당당히 입사하는 제갈공명을 맞이할 수 있었던 것이다.

물론 제갈공명 정도의 대우를 받기 위해선 스스로의 실력을 길러

놓을 필요가 있다. 나는 백수 시절이야말로 자신의 주가를 높일 수 있는 호기라고 생각한다. 나 자신도 20대 중반의 백수 시절이 없었다면 오늘의 나는 없었을 것이다.

"미스터 김, 자네도 알다시피 우리 회사가 어렵잖아……."

총각 시절, 상사의 말 한마디에 백수가 되었다. 길을 걷는데 하늘이 노래지고 눈물이 나왔다. 가뜩이나 아슬아슬한 중소기업에 입사했던 나는 사장이 회사를 정리하는 바람에 어쩔 수 없이 퇴사를 해야만 했다. 졸지에 백수가 되고 보니 온 세상이 우울하기만 했다. 전기 통닭집에 걸려 있는 통닭도 불쌍하고, 길가에 떨어진 낙엽도 불쌍했다. '너희나 나나 제대로 대접 못 받는 것은 같구나. 그런데

웃으며 길을 가는 사람들은 뭐야? 아마 아직 안 잘렸나 보지.'

며칠 집에서 놀다 쉬다 하다 보니 좀이 쑤셔 견딜 수가 없었다. 아침에 갈 곳이 없다는 게 이렇게도 괴로운 일일 줄이야. 근무할 땐 그렇게도 가고 싶던 바닷가, 나이트클럽, 지리산도 흥미가 없었다. 회사에 나가는 게 그렇게도 고마운 일인 것을. 아침 겸 점심을 늦게 먹고 한참을 걷다가 책방에 들어갔다. 그때부터 독서에 빠졌다.

책을 보면 볼수록 나 자신이 부족하다는 걸 깨달았다. 아니, 이렇게 중요한 지식들을 익히지 않은 상태로 인생을 살았단 말이야? 나는 그날부터 하루 열 시간씩 책을 읽었다. 교보문고, 종로서적, 남산도서관, 행촌동 에스콰이어 도서관……. 책을 읽으며 아침을 열었고, 책을 덮으며 하루를 마감했다. 소설, 시, 수필, 세일즈, 처세, 화술, 경제 경영, 미학, 철학, 신학……. 책을 열 때마다 머리가 시원해졌고, 책을 덮을 때마다 가슴 깊은 곳에서부터 뿌듯함이 밀려왔다.

백수란 사실이 오히려 고맙다는 생각마저 들었다. 백수가 아니었다면 어떻게 이 좋은 지식들을 습득할 수 있었으리. 제갈공명은 그 자신이 백수였기에 수많은 독서와 연구를 할 수 있었고, 그 결과 자신의 몸값을 높이는 기회가 되었던 것이다.

세상에 나쁘기만 한 일은 없다. 백수도 마찬가지다. 취업이 안 되면 창업을 하면 된다. 창업도 힘들면 실력을 기를 일이다. 사향 냄새는 아무리 깊은 곳에 있어도 그 향이 나는 법이니.

면접의 기싸움에서 승리하라

도산 안창호 선생이 구세학당에 입학할 때 미국인 선교사 앞에서 구술시험을 치렀다. 선교사가 물었다.

"어디에서 왔는가?"

"평양에서 왔습니다."

"평양이 여기서 얼마나 되나?"

"8백 리쯤 됩니다."

"그런데 평양에서 공부하지 않고 왜 먼 서울까지 왔는가?"

그러자 도산이 선교사의 눈을 응시하며 반문했다.

"미국은 서울에서 몇 리입니까?"

"8만 리쯤 되지."

"8만 리 밖에서도 가르쳐주러 왔는데, 겨우 8백 리 거리를 찾아오지 못할 이유가 무엇입니까?"

구술시험이 끝났고, 도산은 구세학당에 합격했다. 그의 재치와 배짱, 면접관의 심리를 꿰뚫는 지혜가 선교사들을 감동시킨 것이다.

132대 1, 145대 1, 272대 1……. 연예인이나 CF 모델 선발대회 경쟁률이 아니라 대졸자 입사 경쟁률이다. 바야흐로 취업 전쟁 시대다. 합격은 둘째고, 우선 입사 지원서 한 장 얻는 것도 만만치 않다.

우리 회사의 입사 자격은 다음과 같다!

- 학력 : 4년제 대졸 이상

  말로만 학력 파괴일 뿐 4년제 대학 중에서도 은밀히 몇 개 대학에서만 뽑기도 한다. 차라리 서울대와 기타 두세 개 대학이라고 쓰면 시간이나 절약되지.

- 나이 : 몇 년도 출생 이하

  나이 먹은 주제에 무슨 염치로 지원을 하냐는 뜻인가?

- 전공 : 법학 · 상경계열

  원한 맺힌 문 · 사 · 철(文 · 史 · 哲). 순수 학문 했다간 월급도 못 받고 순수하게 늙는다.

- 영어 : 토익 얼마 이상

  왜, 아니꼬우면 미국에서 태어나지.

시험 볼 기회 가지는 것도 하늘의 별 따기다. 게다가 면접을 거쳐 최종 합격까지는 산 넘어 산이다. 자, 이렇게 어렵게 면접 자리까지 갔으니 기어이 열매를 따야 하지 않겠는가?

이제 도산의 화법을 실전에 대응해보자. 면접관이 어리바리한 지원자에게 묻는다.

무엇이든
압!
얍!
면접요
물어보세요!

“자네는 그저 부모가 준 돈으로 살아왔군. 캠퍼스와 기업 상황은 다르다네. 아무 경험도 없고 사정도 모르는 사회 초년병인 자네가 우리 회사에서 과연 제대로 일할 수 있을까?”

“물론 힘들겠죠. 그러나 선배님들보단 쉬울 겁니다.”

“……?”

“여기 계신 선배님들은 저 같은 어리숙한 초년병들하고 호흡을 맞춰 일하시게 됩니다. 반면 저 같은 초년병은 다행히도 여러 백전노장 선배님과 함께하니 제 쪽이 훨씬 수월하지 않겠습니까?”

기싸움에서 젊은이가 이겼다. 현대 사회의 면접은 과거 산업 사회의 면접과는 다르다. 20세기 산업 사회는 이미 잘 짜여진 고정 사회였다. 사원보다 대리의 능력이, 대리보단 과장이, 과장보단 부장, 부장보단 임원의 능력이 우월했다. 튀는 사람은 별로 필요 없었다. 잘못하면 인화만 깰 뿐이었다. 그저 말 잘 듣고 선배에게 잘 배워 열심히 다소곳이 일하면 되었다. 연공서열제, 평생 직장의 모습이다. 큰 잘못만 없으면 정년이 보장되었다.

그때 신입 사원은 그저 공손히 절만 잘하면 면접 점수 1등급이 보장되었다. 그러나 세월이 흘러 21세기, 바야흐로 정보화 사회가 된 요즘 회사의 분위기를 보자.

단 한 사람의 아이디어와 제안, 창의력과 순발력 하나로 회사의 매출이 실시간으로 좌지우지되는 생각의 속도 시대. 당연히 선배의 가르침을 갈고닦고 익힐 틈이 없다. 오히려 신입 사원이라도 능력 있으면 아이디어가 실시간으로 채택되고, 연봉이 수직 상승하고,

대선배들을 단숨에 추월하기도 한다.

그러므로 면접에서도 자신의 실력과 장기를 확실히 보여주는 사람이 유리한 상황이 되었다. 비록 도산이 오래전 인물이지만, 그의 면접 화술은 현대의 젊은이들에게도 면접의 표본으로 확실한 자극을 준다.

물론 당당함과 경망함은 다르다. 당당하되 예의를 갖추어야 할 것이며, 긍정적이고 명랑하되 촐랑거리거나 천박하지 않아야 할 것이다.

확실한 자기 소개를
준비하라

사장이 직원들을 모아놓고 회사의 이익에 반대되는 주장을 한 뒤 한마디 한다.

"지금 내 말에 동의하는 사람은 왼쪽에, 반대하는 사람은 오른쪽에 서봐요."

그러자 눈치 빠른 전무가 왼쪽에 섰고, 나머지 사람들은 모두 눈치만 보다가 전무 뒤에 일렬로 섰다. 그런데 단 한 사람 신입 사원 박철수 군만은 오른쪽에 서는 게 아닌가? 사장은 참으로 대견한 친구로구나 생각하곤 이유를 물었다.

"자네야말로 회사에 도움이 되는 사람이야. 오른쪽에 선 이유를 말해보게."

"우리 집사람이 사람 많이 가는 곳에 가지 말라고 했거든요."

무슨 맛으로 리더십을 발휘하고, 무슨 재미로 회사를 경영할지 그 사장이 불쌍하다. 우르르 따라서 모이는 줄서기 문화가 조직을 망친다. 신입 사원조차도 회사의 분위기에 편승해 눈치만 보고 색깔을 스스로 맞추는 모습은 21세기 정보화 시대에 퇴출해야 할 구시대의 유물이다.

다음은 대한민국 어디에서나 볼 수 있는 붕어빵표 자기 소개 모습이다.

"지금부터 신입 사원들의 자기 소개 시간이 있겠습니다. 맨 앞 사람부터……."

"이름은 김 아무개, A대학 전자과를 나오고 26세입니다. 잘 부탁합니다. "

"이름은 이 아무개, B대학 경영학과를 나오고 27세입니다. 잘 부탁합니다. "

同 同 同 同 同…….

한 사람이 이름과 전공, 혹은 이름과 나이를 말하면 수십 명이 똑같이 반복한다. 자세히 살펴보지 않으면 마치 복제 인간들을 만나는 기분이다. 이게 우리의 자기 소개 그림이다.

다시 생각해보라. 소개를 하는 목적은 자신을 각인시키는 데 있다. 사람은 나 아닌 남을 마음에 담거나 기억하지 않으려는 경향이 있다. 똑같이 해선 누가 누군지 기억이 되질 않는다. 하여 21세기형 자기 소개의 원칙을 제시한다.

첫째, 자신을 사람들의 머릿속에 확실히 기억시켜야 한다. 그러자면 조금 유별날 필요가 있다. 내 이름을 기억시키는 방법 중 하나가 있다.

"전 김진배입니다. 받침을 빼면 기지배가 되지요."

요즘은 자기 소개 시간에 마술을 보여주기도 하고, 개인기를 보여주는 젊은이도 있다. 또 자신의 엉뚱한 특기를 보여주기도 한다.

"술이라면 자신 있습니다. 오늘 저와 겨룰 분 계십니까?"

이렇게 나가면 사람들 뇌리에 확실히 각인될 것이다.

둘째, 자기가 이 조직에 왜 필요한 사람인지 분명히 밝히는 게 중요하다. 단순히 엉뚱하기만 한 사람이 아니라, 회사나 팀, 조직에 꼭 필요한 사람이란 점을 보여준다면 자기 소개로 손색이 없다.

"우리 회사가 목표 연도까지 경쟁사를 물리치고 매출 1위를 탈환하는 데 꼭 필요한 존재가 되겠습니다!"

"우리 사업부의 가장 절실한 문제가 일치단결이란 말을 들었습니다. 화합이라면 제가 바로 화합김 아닙니까. 우리 팀이 똘똘 뭉치는 데 이 한 몸 바쳐 본드 역할을 하렵니다!"

감성 시대에 맞게 감동적이고 감성적인 소개도 점수를 딸 수 있다.

"신입 사원 연수 기간 동안 가족 이상으로 소중한 사람을 만났습니다. 제가 지쳐 낙오되었을 때 여기 있는 김오성 씨는 자신의 감점을 아랑곳하지 않고 저를 일으켜 세우고 같이 행군해주었습니다. 군에 전우애가 있다면 회사에는 동료애가 있다는 것을 알았습니다. 희생하는 정신이야말로 제가 배운 것입니다."

숱한 사람과 만나는 그 짧은 순간에 자신을 기억시키느냐, 못 시키느냐에 따라 성공과 실패가 판명난다. 확실한 자기 소개를 준비하라.

신념이 담긴
말을 하라

어느 부잣집 처녀가 가난한 애인을 부모님께 인사시키기 위해 집으로 데려왔다. 처녀의 아버지가 청년에게 이것저것을 물었다.

"장래 계획은 뭔가?"

"예, 저는 성경학자가 되려고 합니다."

"좋군. 하지만 내 딸을 고생시키면 곤란하네."

"하나님이 도와주실 것입니다."

"그렇지만 당장 결혼 반지 마련할 돈은 있어야 하지 않겠나?"

"하나님이 도와주실 것입니다."

"음…… 그렇다면 나중에 아이들은 어떻게 키울 셈인가?"

"그것도 역시 하나님이 도와주실 것입니다."

청년이 돌아가고 난 뒤 처녀의 어머니가 남편에게 물었다.

"그 청년 어떤 것 같아요?"

그러자 남편이 어두운 표정으로 말했다.

"직업도 없고 계획도 없어. 한 가지 확실한 사실은, 그놈이 날 하나

나중에 스스로 돈을 벌든, 장인이 도와주든 그 청년은 모든 걸 신(神)의 도움으로 여길 것이다. 종교가 사람에게 도움이 되는 것 중 하나는 강한 신념을 제공해준다는 것이다. 그러나 종교만이 신념을 만들어주는 건 아니다. 자신에 대한 자존감, 확신, 사명감, 반복적 다짐 같은 것들도 우리의 신념을 강하게 만들어준다.

또한 신념이 가득 찬 말은 스스로에겐 물론 주위 사람에게 힘을 준다. 리더에게 더욱 필요한 덕목인 이유다.

마르틴 루터는 타락한 당시 교황과 교회를 향하여 외쳤다.

"Sola scriptura(오직 성경으로만)."

교황이나 교회가 임의로 면죄부를 판매하는 타락상을 보이자 진리는 교황에게서가 아니라 성경으로부터 온다는 외침이었다. 그가 강하게 외치자 너도나도 그의 주장에 빠져들었고, 거대한 세력을 이루어 급기야는 종교 개혁이라는 역사적 사건을 성공시켰다.

"여기(영국)서도 잘할 수 있어요!"

박지성은 일본에 있을 때나 아인트호벤에서 뛸 때나 프리미어 리그에서나 변함이 없다. 최선을 다하면 성적은 저절로 따라온다는 신념의 사나이다. 신체 못지않게 강한 정신력이 최고의 자산이다.

"자네 직장 생활 요즘 어때?"

"죽지 못해 다니는 거야."

이런 사람들은 승진을 하거나 요직에 발탁될 확률이 거의 없다고 보면 확실하다. 신념이 없는 사람은 눈빛, 말투, 자세 등 모든 점에서 부정적인 기운이 흘러나온다. 그리고 조직에 마이너스 영향을 끼친다.

"이 짓도 못 해먹겠어……."

"내게 잘할 걸 기대하지 마세요."

강한 신념은 불가능한 일까지도 성취하게 만든다. 2011년 안나푸르나에서 안타깝게 실종된 산악인 박영석 대장은 세계 최초로 산악 그랜드슬램을 이루어냈다. 신념은 전염성이 있다. 강한 신념은 그 주위 사람부터 시작해 한 사람 한 사람을 동지로 만든다.

당신이 진정 유능한 인재가 되어 성공하고 싶다면 우선 스스로를 살펴보라. 성공을 향한 신념에 불타고 있는 모습인지, 세상에 억눌려 목표 없이 표류하고 있는 모습인지.

무조건 웃어라

웃음에 얽힌 사례 하나. 언젠가 외국 어느 항공사의 승무원들이 파업을 벌이면서 '노 스마일(No Smile)'을 기치로 내걸었다는 해외 토픽을 본 적이 있다. 항공 서비스의 핵심은 안전과 친절에 있는데, 그중 친절의 상징인 웃음을 없앰으로써 사업주에게 항의했다는 내용이다. 그것이 '운항 거부'에 못지않은 효과적인 항의 수단이 되고 있다는 설명과 함께.

웃음은 소중하다. 아기들을 살펴보라. 끊임없이 웃는다. 그때 드는 생각은 '아름답다' '평화롭다'이다. 금이나 은도 아니고 달러나 상품권도 아니다. 햄버거나 피자 같은 맛있는 음식도 아니고, '구찌'나 '샤넬'처럼 명품도 아니다. 하지만 이 모든 것들을 합친 것보다도 훨씬 소중하다. 인간의 발명품도 아니고 공장에서 생산되는 상품도 아니다. 신이 인간에게, 그것도 누구에게나 제공한 일종의 인생살이 안전보호 장치라고나 할까.

자동차 윤활유처럼 인생의 갈등과 다툼을 없애준다. 시금치나 비타민처럼 건강에도 도움을 준다. 최첨단 인터넷 정보처럼 창의력에도 긍정적인 역할을 하고, 무더운 여름 퇴근 후 동료들과 함께 마시는 시원한 맥주 한 잔처럼 스트레스 해소에도 그만이다. 그게 바로 웃음이다.

그런데도 우린 웃음을 멀리한다. 마치 웃음이 우리에게 커다란 손해를 입히기라도 한 것처럼 말이다. 불가사의한 일이다. 기분 좋아지지, 건강 좋아지지, 대인관계 좋아지지. 그런데도 이렇게 푸대접을 받다니. 만에 하나 웃는 순간 치통이 온다든가, 웃을 때마다 종기에 통증이 생긴다든가, 무좀이 도진다든가, 심근경색이나 발작이 일어난다든가, 세무 조사를 받는다든가, 경찰이 딱지를 끊는다면 또 모른다. 그런 것도 아닌데 왜 웃음에 그토록 인색할까?

어릴 때다. 동네 형들을 만나 "형, 안녕." "그래, 너도 안녕." 이런 인사를 나눈 기억이 별로 없다. 웃음하고 원수를 졌는지 웃는 얼굴에 대고 "뭐야?" "왜 째려?" "왜 실실 쪼개?" "비웃는 거야?" 이렇게 대응이 온다. 가정에서도 대부분 그랬다.

"아빠 엄마 이거 고등어야, 갈치야?"

"야! 밥 먹을 때 입 벌리지 말라고 했지!"

웃는 얼굴이 머쓱해진다. 이런 '웃기는 짜장' 같은 엉터리 전통은 이제 극복해야 한다. 이런 건 원래 우리 민족이 무뚝뚝한 민족이라서도 아니고, 무례한 백성이라서도 아니다. 하회탈의 웃음, 마애불상의 미소를 봐도 우리 조상들의 웃음이 글로벌 수준급이란 걸 알 수 있지 않은가.

웃음에 인색해진 이러한 현상은 웃음의 중요성과 가치, 이익과 효과를 몰라서 생긴 병폐였다. 한 번 웃으면 5분 조깅하는 것과 같은 운동 효과가 있으며, 기분 좋게 웃으면 스트레스는 물론 웬만한 질병은 한 번에 날려버릴 초강력 엔도르핀이 분비된다. 그러니 지금부터라도 웃음을 내 것으로 만들어보자.

생활 속 웃음 만들기 제1원칙은 사진 찍을 때 웃기.
'김치~ 치즈~ 위스키~ 와이키키~'
입술 양끝이 올라가는 스마일 라인(Smile Line)을 만들기 좋은 단어들이다.

생활 속 웃음 만들기 제2원칙은 인사할 때 웃기.
인사에도 급수가 있으니 가장 많이 사용하는 5가지를 이름하여 '고미실안꼭 작전'.
'고맙습니다.' '미안합니다.' '실례합니다.' '안녕하세요.' '꼭 부탁해요.' 여기다 웃음을 붙여보자.
'고맙습니다 하하.' '미안합니다 허허.' '실례합니다(빙그레).' '안녕하세요 깔깔.' '꼭 부탁해요 호호.'

생활 속 웃음 만들기 제3원칙은 대화 중 웃기.
웃음은 다음과 같은 속뜻을 내포한다. '난 당신이 좋아요.' '난 당신을 믿어요.' 만약 당신이 웃음 없이 대화한다면 아마 상대는 '날

싫어하는군' '날 믿지 않는군'이라 오해할 수도 있다. 세 마디에 한 번은 웃음을 날려라.

　생활 속 웃음 만들기 제4원칙은 속상할 때 웃기.
　속상하다고 찡그리기만 하면 진짜 속(오장육부와 뇌)이 상한다. 스트레스가 온다는 사인이 오면 즉시 감정 변환 모드를 작동하라. '오호 스트레스야, 어서 와 나랑 놀자, 허허' '오늘 일이 꼬이는구면, 낄낄' '인생이 내게 태클을 걸어온다 이거지? 한번 해볼까나, 하하.' 좀 이상한 방법 같지만 스트레스를 의인화시켜 한바탕 씨름한다고 생각하라.

생활 속 웃음 만들기 제5원칙은 누군가 유머를 할 때 웃기.

하던 짓도 멍석 깔면 그만둔다는 말이 있듯이, 누가 웃기면 오히려 웃음을 멈추는 사람들이 있다. 유머에 웃음이 안 나오는 증상에는 이유가 있다. 머리가 나빠 유머를 이해하지 못하거나, 마음에 냉소가 가득하거나, 생리 현상이 급한 경우다. 개그맨이나 유머 강사나 재미있는 소재를 물고 온 친구나 모두 하늘이 그대에게 웃음을 선사하기 위해 급파한 퀵서비스 웃음 택배맨임을 명심하고 웃어라. 유머에도 웃고, 유머 비슷한 말에도 웃어라. 웃어서 남 주는 거 아니니까.

생활 속 웃음 만들기 마지막 제6원칙은 그냥 웃기.

인생을 살며 사람을 관찰하다 보면 그냥 웃는 사람이 있는데, 두 종류다. 도통한 사람 아니면 맛이 간 사람. 스스로 웃음을 만들지 못하고 스트레스와 번뇌에 빠져들면 이내 큰 정신적 고통(미칠 狂)이 오는 바, 하늘은 이러한 경우 그 사람을 보호하기 위해 정신을 일시 소환한다. 사람들은 이런 증상을 다음과 같이 표현하곤 한다.

'저 사람 얼이 빠졌네.' '돌았구먼.' '미쳤어.'

따라서 미치는 것도, 미쳐서 실실 웃는 것도 다 하늘의 보살핌이다. 어린 아들을 잃은 엄마가 미치는 것도, 미쳐서라도 웃게 하는 것도 이러한 자연 치유 과정의 일환이다. 그러니 당신도 그냥 웃어라. 혼자 웃을 수 있다면 과연 도통한 사람이다.

긍정적 사고방식을 키워라

부정적인 시각으로만 보면 세상은 온통 잿빛이다. 반면 긍정적인 시각으로 보면 온통 핑크빛이기도 하다. 서울은 물값까지 내야 하는 살기 힘든 도시인 동시에, 물 한 잔만 팔아도 먹고살 수 있는 기회의 땅이다.

긍정적인 기업가로 둘째가라면 땅을 치며 서러워할 기업인 중에 고 정주영 회장이 있다. 당시 박정희 대통령으로부터 조선소를 만들라는 A급 특명을 받고 즉시 영국으로 떠난 그를 맞은 것은 박수와 환대가 아닌 냉소와 거절이었다.

"이보시오 미스터 정, 우린 일본 같은 선진국이라면 몰라도 코리아 같은 후진국엔 돈을 빌려줄 수가 없어요."

"도대체 이유가 뭡니까?"

"일본은 선진국이오. 배 만드는 기술이 보통이 아니지요. 그런 나라와 경쟁을 하고 이익을 내서 우리 돈을 갚아야 하는데, 그게 말이 된다고 생각하시오?"

구구절절 훈장님 말씀처럼 틀린 말이 하나도 없었다. 그러나 여기서 물러설 정주영이면 애당초 오지도 않았다. 그는 분연히 지갑 속에서 지폐 한 장을 꺼냈다.

"좋습니다. 이걸 보시오."

"……."

"이게 거북선입니다. 4백 년 전에 일본 배를 물리친 게 바로 이 뱁니다. 4백 년 전에도 일본보다 더 좋은 배를 만들었는데, 왜 지금은 더 좋은 배를 못 만든다는 건가요?"

거북선 유머에 반한 상대방은 박장대소와 함께 흔쾌히 돈을 빌려주었고, 과연 수십 년 후 한국 조선업은 일본을 넘어 세계 최고의 수주액을 기록하고 있다.

직장인이라면 조직에서 요구하는 인재가 어떤 사람인가 알 필요가 있다. 현대자동차든 삼성전자든 아무리 거대한 조직도 시작은 극히 미약하게 출발했다. 현대의 시작은 자그마한 중고차 수리점이었고, 삼성의 출발도 대구 시내의 조그마한 상점이었다. 구멍가게 수준의 조직이 세계적 기업으로 성장하게 된 데는, 비전을 가진 사람들의 끊임없는 노력이 뒷받침되었기 때문이다. 하면 된다는 믿음을 가지고 기업을 성장시킨 경영자 입장에선 당연히 긍정적 사고방식을 가진 직원들을 좋아하게 마련이다.

긍정적 사고방식을 가진 사람들의 특징을 살펴보자.

- 주인의식이 투철하다.
- 지시를 받으면 망설임이 없다.
- 호기심과 모험심이 있다.
- 일을 재미있어한다.
- 얼굴이 밝다.
- 유머 감각이 있다.
- 질책을 들어도 잘 수용하고 삐치지 않는다.
- 동료들과 잘 어울린다.
- 고객들과 만나는 걸 좋아한다.

반면 부정적인 직원은 무조건 반대로 생각하면 틀림없다.

- 주인의식을 엿 바꿔 먹었는지 내 것은 내 것, 회사 것도 내 것이다.
- 지시를 받으면 빠져나갈 명분을 찾기 바쁘다.

- 남들만 따라 하느라고 눈치 전용 안구 근육만 발달했다.
- 직장은 지옥과 동급이고, 퇴근 시간은 구원의 종소리이다.
- 얼굴은 늘 우거지상이다.
- 유머는 눈을 씻고 봐도 없다.
- 질책을 한번 들으면 퇴근 후 포장마차에서 상사 욕을 바가지로 한다.
- 동료들 보기를 고양이가 개 보듯 한다.
- 고객이 가면 뒤에서 욕한다.

한 신발 회사에서 있었던 일이다.

아프리카에 출장 간 영업 사원이 빈손으로 돌아와 다음과 같은 보고서를 제출했다.

"아프리카 사람들은 맨발로 다니기에 우리 신발을 팔 수가 없습니다."

그러나 얼마 후 다른 영업 사원이 주문을 잔뜩 받아와 보고서를 제출했다.

"아프리카 사람들은 맨발로 다니기에 우리 신발을 엄청나게 팔 수 있습니다."

당신은 성공할 사람인가, 아니면 도태될 사람인가? 설령 실패를 하더라도 적극적으로 도전하는 사람이라면 당신은 이미 성공을 예약한 것이다.

안 되면
되게 하자!
제 1995호
유머 신문
낙타 발로
바늘 구멍
통과 쉬울듯

덜컥 발언을
삼가라

나설 자리인지 안 나설 자리인지 분간하지 못하면 낭패를 당하는 경우가 제법 많다. 영화 〈두사부일체〉에서 머리 나쁜 참모 조폭(정운택 분)이 큰형님 계두식(정준호 분)에게 허구한 날 질책을 받는다. 나름대로는 형님을 위해 헌신한다는 마음에 일을 벌이지만, 하는 일마다 보스를 열받게 한다. 학력이 짧은 형님이 고등학교 들어가는 날 '축 입학'이란 플래카드를 동네방네 붙인다. 어린 학생이 고등학교 들어간다면 축하하고 환영할 일이지만, 나이 먹어 고등학교 들어가는 것도 창피한데 온 동네 광고를 하는 짓이 얄미울밖에.

우리가 어떤 말이나 행동을 하는 건 대한민국 헌법에 언론의 자유가 있으니 그야말로 우리 마음이다. 그러나 그 결과를 한 번이라도 생각해본다면 때로 우리가 얼마나 경솔한 행동거지를 하는지 깨달을 수 있다.

바둑의 고수들은 섣불리 착점하지 않는다. 내가 이곳에 놓으면 상대는 어디 놓을지 생각한다. 흑백의 교환으로 인해 누가 이익을 볼 것인지 면밀히 짚어본 후 알을 정확하고 적절한 자리에 내려놓는다. 하수는 이와는 대조적인 행동을 보인다. 내 이익 열 집이 보인다고 해서 덜컥 착점한다. 그러나 그 수로 인해 상대는 스무 집, 즉 두 배의 이익을 얻는다. 손익을 결산해보면 결국 열 집만큼 손해를 본 것이다.

우리 삶에서도 덜컥 수 때문에 곤혹스러운 처지에 놓이는 경우를 자주 본다.

"60세 넘은 사람들은 투표하지 말고 쉬길 바란다."

"대학 나온 사람이 차기 대통령에 나와야……."

몇 년 전 여당의 한 지도자는 잘못 내뱉은 말로 경로당을 다니며 손이 발이 되도록 빌었다. 대통령의 학벌 운운한 야당 대변인도 백배 사죄한다고 밝혔다. 남들도 혀를 찼지만 본인들도 스스로가 정말 미웠을 것이다.

'아니 내가 어쩌자고 그런 생각 없는 말을 했나그래……'

나는 이런 뜻으로 말했지만 상대는 저런 뜻으로 듣는 경우도 허다하다. 상대가 기분 좋을 때보단 우울할 때 나의 뜻을 왜곡하는 경우가 많다. 일종의 피해의식이 작동되기 때문이다. 그러므로 상대의 기분이 지금 어떤 상태인지, 상대는 사리분별을 잘하는 사람인지, 내 뜻이 왜곡되게 해석될 여지는 없는지를 충분히 파악한 후 발설의 가부를 결정해야 한다.

일대일 대화보다는 다수의 청중 앞에서 말할 때 더욱 말의 파장을 신경 써야 한다. 똑같은 표현도 일부 계층은 호의적으로 받아들이지만, 다른 계층 사람들은 거부하는 경우가 있기 때문이다.

일반 무대와 방송은 또 다르다. 방송은 더욱 조심해야 한다. 수십만 수백만 명의 사람들이 보기 때문이다. 개그맨들을 방송이 아닌 일반 무대에서 만나면 훨씬 재미있다. 방송에선 워낙 조심해야 될 표현이 많기 때문에 몸을 사리다 보니 끼가 발산되지 않아 가라앉게 된다. 그러나 콘서트 등 일반 무대에선 성적이거나 정치적 농담도 하고, 사적인 이야기도 하면서 아주 자연스럽고 친근감 있게 진행한다. 방송에선 정치, 종교 언급도 부담되고 발음 하나하나에도 신경이 쓰인다. 지금은 '짜장면'도 표준어로 인정받았지만, 예전엔 자장면 대신 짜장면이라고 발음했다가 실수했다고 정정하는 방송인을 자주 접할 수 있었다.

우리는 이런저런 '덜컥 발언'으로 상대의 항의도 받고, 점수가 깎이기도 하고, 두고두고 후회하는 일을 만들기도 한다. 스스로 덜컥 발언의 덫에 자주 걸린다고 생각한다면, 다음 항목을 음미해보길 바란다.

첫째, 이 말을 꼭 해야만 하는지 다시 한 번 생각해보라.

둘째, 이 말을 꼭 해야 할지라도 지금 당장 해야만 하는지 다시 한 번 생각해보라.

셋째, 지금 당장 해야만 할지라도 말했을 때의 이익보다 손해가 더 크진 않은지 다시 한 번 생각해보라.

융통성을
발휘하라

남프랑스의 해변에서 벨기에 청년 한 명이 플레이보이인 프랑스인 친구에게 여자 꼬시는 법을 물었다.

"간단하지. 내가 하는 걸 잘 봐."

프랑스 청년이 예쁜 아가씨가 지나가는 걸 보고 다가가서 말을 걸었다.

"아가씨, 1에서 9까지의 숫자 중 좋아하는 걸 하나만 대보세요."

아가씨가 7이라고 대답하자 청년이 말했다

"브라보! 당신은 오늘 저와 저녁식사를 함께하는 행운에 당첨되었습니다. 8시에 모시러 가죠."

그러고는 벨기에 청년에게 "잘 봤지? 이대로만 하면 돼"라고 속삭였다.

한참 뒤, 또 한 아가씨가 지나가자 벨기에 청년이 다가갔다.

"아가씨, 1에서 9까지의 숫자 중 좋아하는 걸 하나만 대보세요."

"3이요."

벨기에 남자의 융통성 없음을 멋지게 꼬집는 걸 보니 아마도 이 유머는 프랑스 사람들이 만들어낸 듯하다.

나도 강의 나가면 때론 황당한 일도 겪는다. 강의 시작 시간이 다 되어 급히 주차를 시키고 강의장으로 가야 하는데 막무가내로 주차를 막는 경비들을 만나기도 한다.

"외부 차량 일체 주차 금지입니다."

"아니, 그게 무슨 말이에요? 난 강산데……."

"우리는 지시받은 대로 합니다."

"글쎄, 난 지금 여기서 강의해달라고 사장님한테 초빙받은 사람인데……."

그때 총무과 직원이 그 광경을 보고 달려와 미안하다고 사과한다. 경비가 맡은 바 임무를 수행한 것이니 너무 질책하지 말라고 웃으며 넘겼다. 곰곰이 생각하니 그 경비의 문제는 융통성 부족에서 기인한 것이었다. 총무과에서 주차 금지를 명한 외부 차량이란, 예를 들면 옆 건물에 왔으면서 그 주차장에 몰래 세우는 얌체 차량 등의 경우를 말한 것이다. 강사의 차량은 몰래 세우는 것도 아니고, 다른 업무를 보기 위함도 아니다. 그 회사 일로 왔기에 적어도 그 시간만큼은 외부 차량이 아니라 내부 차량이 되는 것이다. 혹 헷갈릴 수도 있다. 이 차가 주차 금지에 해당하는지 안 하는지 모를 때, 담당 부서에 전화해서 지시를 따르면 된다. 그런데 융통성 부족으로 회사 손님에게 안 좋은 인상을 준다면 심각한 일이다.

대인 관계에서도 융통성이 없으면 조직에 상당한 손해를 끼칠 수가 있다. 융통성은 '유연성'이란 말로 대신할 수 있다. 그러므로 원칙에 철저한 것과 고지식한 것은 다르다.

영업 사원에게 똑같은 명령을 내렸는데, 한 달 뒤 고지식한 사원은 실패했다.

"알래스카에선 평균 온도가 냉장고보다 더 낮아서 팔 수가 없었습니다."

반면 융통성이 있는 사람은 아프리카에서도 신발을 팔고, 알래스카에서도 냉장고를 판다. 그들은 독신주의자에게도 아기 옷을 팔고, 스님에게도 빗을 판다.

"어는 걸 방지하는 데는 냉장고가 최고라 했더니 너도나도 구입하더군요."

"절에 온 손님을 위해 빗 좀 장만하시죠."

냉장고는 온대기후에서는 음식을 차갑게 하는 용도로 쓰이지만, 냉대기후에서는 음식을 따뜻하게 보관하는 용도로 쓸 수 있다. 고지식한 사람이라면 생각하지 못하는 유연한 사고다. 슈퍼맨 가슴에 새겨진 'S' 자는 스판덱스(spandex)의 약자라는 우스갯소리가 있다. 스판덱스가 처음 나왔을 때 그 유연함과 신축성 때문에 의류 시장에서 전무후무한 대박을 터뜨렸다. 뚱뚱한 사람이나 홀쭉한 사람

누구에게나 맞춤옷처럼 들어맞았기 때문이다. 유연성과 융통성은 누구를 만나도, 어디에서나, 어떤 일을 하거나 적응력을 높여주는 성공자의 필수 요소다.

공격은
은근하게 하라

모난 돌이 정 맞고, 강한 것은 부러진다는 말이 있다. 대인 관계에서도 마찬가지다. 수많은 사람들이 정제되지 않은 원색적인 말을 함부로 구사해 점수를 잃고, 때론 사회에서 매장되는 경우를 자주 본다.

"당신은 인간 말종이야!"

"당신 말이 맞으면 내 손에 장을 지진다!"

"거짓말쟁이에 사기꾼아!"

뒷골목 시장통에서 나온 말도 아니고, 막노동판에서 나온 말도 아니다. 한때 동방의 등불이요 동방예의지국이라 일컬음을 받은 국가, 거기서도 수도, 그 안에서도 한복판에 있는 신성한 국회의사당에서 매일같이 쏟아지고 있는 말들이다. 그렇게 상대를 욕하고도 이 당에서 저 당으로 당 이동율이 세계 최고 수준이니 그저 놀라울 뿐이다.

자신이 거품까지 물어가며 욕한 당으로 들어가 같이 일하는 걸

"

보면, 과연 그분들이 지구인이 확실한지 DNA 검사를 의뢰하고 싶다. 들리는 말에 의하면 아무리 사이가 안 좋은 사람들이 만나더라도 하룻밤 폭탄주 돌리면 평생 동지가 된다는데, 술 없으면 한국 정치가 제대로 돌아갈지 걱정이다. 정부는 원활한 국정 수행을 위해 국회의원들에게 폭탄주를 충분히 공급해야 하는 날이 올지도 모르겠다.

그러면 타산지석의 차원에서 세련된 공격 화술에 대한 벤치마킹도 해보고, 토착화할 여지는 없는지 고민해보자. 다음은 그러한 목적에 적절한 일화들이다.

"포드는 매우 좋은 사람이다. 그러나 그는 유감스럽게도 헬멧을 쓰지 않은 채 미식 축구를 너무 많이 했다." - 존슨 대통령

"다른 사람은 몰라도 클린턴에게서 거짓말쟁이라는 말을 들으니 정말로 신기한 기분이 들었다." - 로스 페로

"포드의 겸손함은 완벽하다. 당연한 일이긴 하지만." - 레이건

이런 유머는 신랄하면서도 듣는 사람에게 지나친 모욕감을 주지도 않고, 국민들에게 그리 큰 불쾌감을 주지도 않는다. 그러면서도 자신의 생각을 정확히 나타내고 있다. 상대의 미련함이나 부도덕함, 음흉함 등을 일체의 부연 설명 없이 날카롭게 지적하고 있는 것이다. 바로 이것이 유머스러운 공격이 갖는 커다란 장점이다.

다음은 처칠이 상대에 대한 정치적 불만을 기상천외한 유머를 통

해 표현한 사례다.

1945년, 처칠이 이끄는 보수당이 총선에 패해서 수상 자리가 노동당 당수인 애틀리에게 넘어갔다. 애틀리는 집권하자마자 대기업의 국유화 정책을 적극적으로 추진했고, 의회는 이를 둘러싼 대립으로 늘상 시끄러웠다.

어느 날, 국유화에 대해 치열한 설전을 벌이던 의회가 잠시 정회된 사이 처칠이 화장실에 들렀다. 의원들로 만원이 된 화장실에는 빈자리가 딱 하나 있었는데, 그건 바로 애틀리의 옆자리였다. 하지만 처칠은 볼일을 보지 않고 굳이 다른 자리가 날 때까지 기다렸다. 이를 본 애틀리가 말했다.

"제 옆에 빈자리가 있지 않았습니까. 왜 거길 안 쓰셨죠? 혹시 저한테 뭐 불쾌한 일이라도 있습니까?"

"천만에요."

처칠이 대답했다.

"수상 옆자리에 가려니까 괜히 겁이 나서 그랬습니다. 당신은 뭐든지 큰 것만 보면 국유화를 하자고 주장하는데, 혹시 제 것을 보고 국유화하자고 달려들면 큰일 아닙니까?"

만약 직설적으로 대응했다면 다음과 같은 대화로 연결되었을 것이다.

"포드는 돌대가리다. 채석장에나 보내라." - 존슨 대통령

"클린턴이야말로 최고의 거짓말쟁이다. 공업용 미싱으로 주둥이

를 박아버리고 싶다.” - 로스 페로

"포드가 내숭 떠는 꼴 보는 게 역겹다.” - 레이건

"애틀리는 공산주의 빨갱이가 아닌지 사상이 의심스럽다.” - 처칠

유머가 있는 것과 없는 것의 차이가 하늘과 땅의 차이만큼 크게 느껴지지 않는가? 유머를 써서 공격하는 건 직설적 공격 화술에 비해 적어도 다음과 같은 이익을 당신에게 준다.

첫째, 원색적 비난으로 인해 철천지 원수가 생기는 걸 방지한다.

둘째, 제3자에게 당신의 센스와 교양을 확실히 보여준다.

셋째, 무엇보다 진정한 승자가 된다.

사람은 한 번 웃으면 감동을 받게 되고, 또한 고개를 끄덕이며 수긍하게끔 된다. 유머를 윤활유라 함은 바로 이러한 기능 때문이다.

당신이 광고나 홍보 파트 책임자라면 소비자의 심리를 만족시키

기 위한 유머 전술을 알아둘 필요가 있다.

경쟁사에서 덩치만 믿고 태클을 걸어온다.

"우리 회사 판매량이 국내 최대라니깐. 알겠어? 당신 회사하곤 차원이 틀리다구. 음하하!"

상대를 비난할 필요 없다. 따라 할 필요도 없다. 일단 동의하고 허점을 공격하라. 칭기즈 칸의 전략처럼 정면 승부를 잠시 유보하고 외곽을 때리는 거다.

"인정합니다. 그러나 한 가지 중요한 점을 잊으셨군요. 공룡이 덩치가 작아 멸망한 건 아닙니다. 우리는 최고의 판매량을 자랑하진 않겠습니다. 우리의 관심은 판매량이 아니라 품질입니다."

판매량을 강조하는 회사와 품질을 강조하는 회사, 과연 고객은 누구의 손을 들어줄 것인가? 답은 뻔한 것 아닌가.

자, 그럼 유머 센스 향상을 위해 연습해보자. 우선 존슨의 표현을 한 번 더 음미해보자.

"헬멧을 쓰지 않은 채 미식 축구를……."

존슨은 아마 세련되지 못하고 둔한 이미지의 포드를 국민들에게 각인시키고 싶었을 것이다. 우선 떠오른 단어들은 당연히 바보 포드, 돌대가리 포드, 저능아 포드였다. 그러나 그렇게 표현했다간 단번에 비열한 지도자, 저질 리더란 평가를 받을 게 불을 보듯 뻔했다. 우선 그는 상대를 치켜세운다.

"포드는 좋은 사람이다."

그리고는 미식 축구 선수들이 머리를 보호하기 위해 헬멧을 쓴다는 사실에 착안해 '헬멧 안 쓴 포드'란 표현을 만들어냈다. 단어만 바꿔 같은 형식으로 만들어보자.

"포드는 마스크를 쓰지 않은 채 야구 주심을 너무 많이 본 것 같다."

원작보다는 약간 어색하지만 이런 과정을 거쳐서 유머 센스가 향상된다. 입이 너무 거친 상대에게 한마디 쏘아주고 싶다면 "저질 인간아!"라고 외치기 전에 마음을 가다듬고 돌려서 공격해보자.

"오늘 담배 필터를 물면서 생각이 하나 떠올랐습니다. 만약 독한 말을 정화하는 필터가 발명된다면 저 사람에게 1차로 선물하고 싶습니다."

자신의 요구를
확실하게 주장하라

옛날 어느 마을에 난봉꾼이 하나 있었다. 얼마나 난잡한지 동네의 여자란 여자는 모두 건드리고 다녔다. 보다 못해 주위 사람들이 관아에 고해바쳐 기어이 잡혀 들어갔다.

모든 이야기를 들은 원님이 말했다.

"다시는 나쁜 짓 못하게 거시기를 잘라버려라!"

그러자 난봉꾼의 아버지가 나서며 말했다.

"그래도 제 아들이 4대 독자인데, 대는 이어야 하지 않겠습니까? 대신 제 거시기를 자르도록 해주십시오……."

원님이 가만 생각해보니, 그것도 맞는 말 같았다.

"그럼, 아비의 거시기를 잘라버려라!"

난봉꾼의 어미가 가만 들으니, 황당하기 그지없다. 앞으로 무슨 재미로 살란 말인가?

"원님, 법대로 합시다!"

그러자 이에 질 수 없는 며느리가 나서며 말했다.

고부간의 불꽃 튀는 설전이 이 유머의 핵심이다. 어쨌거나 모두 자기 주장은 확실하게 말하는 가족이란 걸 알 수 있다.

일반적으로 우리 한국 사람들은 자신의 요구를 분명하게 밝히지 않는다. 속상한 일이나 억울한 일이 있어도 일단은 참는다. '참을 인(忍)' 자 셋이면 살인도 면한다는 말도 있듯, 인내심을 강조하는 동양적 가치관의 영향 때문이다. 거기다가 유난히 체면을 중시하는 한국적 가치관이 혼합되어 자신의 요구를 당당히 말하는 건 보편적 미덕에서 제외되었다. 점잖은 체면에 조금 덥다고, 조금 춥다고, 조금 불편하다고 말할 수 있나. 일단 참아보지.

이러다 보니 위층 아이가 밤 12시가 넘도록 쿵쿵거려도, 그래서 속에 천불이 나도 일단은 참는다. 저들도 사람인데 염치가 있다면 멈추겠지. 하루 이틀 사흘, 그러다가 드디어는 폭발해서 올라가자마자 한바탕 욕설을 퍼붓게 되고 이웃 사촌은 즉시 이웃 원수로 바뀐다. 만약 이건 아니다 느끼는 순간 바로 올라가 자신의 요구를 말했다면 훨씬 부드럽게 대화가 진행되고, 진작 문제가 해결되었을 것이다.

강의를 하다 보면 초빙하는 측에서 가장 말하기 어려워하는 부분이 있다. 바로 강의료 부분이다.

"강사님, 말씀드린 대로 다음 달 3일 오전 10시 대전 그 호텔에서 뵙겠습니다. 그런데 실례가 될지 모르지만…… 이런 말씀 드려도 될지 송구스러운데…… 사례는 어느 정도를…….”

아직 한국 사회에서 강사가 돈을 언급하는 건 왠지 비선비적이라고 생각하는 경향이 남아 있다. 그래서 상당수 강사는 확실히 요구하지 않고 얼버무린다.

“어허, 으흠…… 그 문제라면 아까 우리 비서와 정하지 않으셨는지…… 그게 참…… 뭐…… 관례대로…….”

돈에 초연한 척, 물질의 관심을 떠난 도인인 척 말하지만 대기업 CEO 출신 강사라면 모를까 그외 대부분의 강사 입장에서 돈에 무심할 리 없다. 강의 후 사례금을 받고 아무도 없는 화장실에서 봉투를 들여다보곤 그 실체와 자신의 기대치와의 차이만큼 아쉬움과 분노를 욕설과 한숨으로 남긴다.

내 경우엔 정확히 요구 사항을 밝힐 뿐만 아니라, 아주 홈페이지 게시판에 표준 강의료를 적시해놓았다. 한국적 문화에서 한 가닥 쑥스러운 부분이 왜 없으랴만, 겉으론 안 그런 척하기도 싫고, 그런 일로 감정을 낭비하는 게 싫어서다.

한국 학생들이 외국에 유학 가면 눈에 띈다. 똑똑하거나 지혜로워서가 아니라, 도대체 선생님에게 질문도 안 하고 불편한 것도 말하지 않기 때문이다. 외국에선 그런다고 알아주지 않는다.

‘그 학생 참을성이 많구먼, 인내심이 대단해. 아주 말없이 착실하고 얌전해. 되바라지지 않았구먼.’ 이렇게 평가하는 게 아니라 ‘한국에서 온 쥬디 킴은 자기 표현력이 약하며 질문도 안 하는 정신적·정서적 성격 결함이 심각한 학생임’이라고 낙인찍힌다. 모르면 질문하고 마음에 들면 프러포즈해야 한다. 용감한 자가 미인을 차지한다 하지 않던가. 그러므로 직장에서도 확실히 요구하라.

"주시는 대로 받겠습니다."

"가라는 대로 가겠습니다."

이런 건 옛날식이다.

"초임 연봉은 최하 3천만 원을 원합니다."

"보직은 해외 영업 파트를 원합니다."

나는 고등학교 때부터 안경을 썼는데 교련 선생이 꼭 "어이, 안경!" 하고 불렀다. 정정해 불러달라는 한마디를 하고 싶었지만 당시 학교 분위기로는 바른 소리했다가는 뼈도 추스르지 못할 것은 불을 보듯 뻔한 일. 누울 자리를 보고 다리를 뻗으랬다고, 애당초 불가능한 일이었다. 그래서 명찰을 손으로 가리키며 관등성명을 천천히, 그리고 크게 댔다.

"예! 2학년 7반 김-진-배-! 나갑니다."

함부로 부르는 방식을 바꾸어달라는 무언의 메시지를 눈치 챘는지 다음부터 그 선생은 내 이름을 기억해서 불러주곤 했다.

우리 집 아이가 사춘기가 되고부터는 친구들과 문자 메시지를 쉬임 없이 주고받는다. 무어라 한마디 물어보면 "응" "아니" 딱 한마디로 끝이다. 부모 자식 간에 대화가 이렇게 짧아서야. 이건 아니다 싶어 내 바람을 확실하게 요구하기로 했다.

"다희야, 아빠가 무언가를 물어볼 땐 두 문장 이상 대답하렴."

호칭이든, 보직 발령이든, 프러포즈든 자신의 요구를 명명백백 확실하게 주장할 때 확실하게 대우받는다.

차이점을
부각시켜라

워싱턴과 클린턴과 부시의 가장 큰 차이는?

워싱턴은 거짓말을 할 줄 몰랐고, 클린턴은 진실을 말할 줄 몰랐으며, 부시는 그 차이를 모른다는 것이다.

유머가 우리네 대화에, 또 삶에 공헌하는 것 중 하나는 세상을 명확히 볼 수 있는 눈을 제공한다는 것이다. 단 한 문장에 미국 세 대통령의 차이점이 분명히 드러난다. 일상화법으로 풀이하면 이렇게 된다. '워싱턴은 진실된 사람, 클린턴은 거짓말쟁이, 부시는 모자란 사람.'

일반적으로 표현하면 그저 그런 설명이지만 유머로 표현하니 재미에 더하여 더욱 정확한 판단의 기준이 된다. 유머학에서도 중요한 위치를 차지하는 게 '차이점 기법'이다. 우리나라 대통령에 사용하면 어떻게 나올까? 역대 대통령을 운전 기사에 비교해보자.

- 이승만 대통령 : 외국 면허 기사
- 박정희 대통령 : 모범 운전 기사
- 최규하 대통령 : 스페어 기사
- 전두환 대통령 : 난폭 운전 기사
- 노태우 대통령 : 초보 운전 기사
- 김영삼 대통령 : 무면허 운전 기사
- 노무현 대통령 : 역주행 기사
- 이명박 대통령 : 중장비 기사

차이점 기법은 유머의 종류 중 가장 오랜 역사와 광범위한 사용 방법으로 유명하다. 소설, 영화, 드라마, 연극 등에서 차이점을 이용한다. 〈흥부와 놀부〉가 재미있는 이유는 두 인물이 극단적으로 차이가 나기 때문이다. 흥부는 착하고 놀부는 악하고, 흥부는 가난하고 놀부는 부자다. 만약 이런 대조됨이 없이 흥부도 착하고 놀부도 착하다면 과연 재미있을까?

〈춘향전〉에 나오는 이몽룡과 변학도 역시 대조적인 성격이다. 신데렐라와 나쁜 계모, 백설공주와 마녀, 지킬 박사와 하이드, 왕자와 거지 등 외국의 소설, 동화나

희곡 등에도 대조적인 인물이 나온다. 영화나 드라마는 어떤가? 〈타이타닉〉에도 한 여자를 둘러싸고 캐릭터가 정반대인 두 남자가 등장한다. 가난하지만 순수한 주인공과 부자지만 비열한 남자. 극 중 인물의 성격이나 집안 배경, 학력이나 외모에 대한 차이점이 크면 클수록 보는 사람들은 극에 빠져든다.

차이점 기법은 상황을 명료하게 파악해서 상대를 설득시키는 데도 효과가 크다. 영업기획팀의 이 대리와 김 대리 둘 다 열심히 준비해 회사 간부들에게 프레젠테이션을 했는데, 이 대리는 칭찬을 받은 반면 김 대리는 핀잔을 받았다. 파워포인트를 사용한 화려한 프레젠테이션은 물론 발음, 언어 선택, 모두 최선을 다했는데 결과가 이렇게 나오니 김 대리는 허탈해질 수밖에 없었다. 그날 저녁 박 부장이 김 대리를 포장마차로 불러냈다.

"자네의 프레젠테이션이 좋은 점수를 받지 못한 이유를 아나? 차이점을 부각시키질 못했어. 우리 회사의 비전과 상대 회사의 비전의 차이, 우리 주력 상품과 상대 주력 상품의 차이, 국내 영업과 해외 영업의 마진 차이……."

인간은 원래 분명하게 대조적인 것에 관심을 기울이게 된다. 특히 현대처럼 머리를 많이 쓰고 골치 아픈 시대엔 술에 물 탄 듯 비슷비슷하고 애매모호한 설명에 관심을 기울여줄 인내심 많은 사람은 없다. 코미디 연출자들이 홀쭉이와 뚱뚱이, 꺽다리와 난쟁이를 무대에 같이 올려 보내는 것도 이런 이유다. 유머 경영의 시대에 성공하기 위해서는 대조와 차이점 부각의 노하우를 알아야 한다.

인간적인 사람이
성공한다

뚱뚱하다고 해서 가뜩이나 스트레스받고 있는데, 한 친구는 뚱보를 나쁜 뜻으로 해석해서 힘 빠지게 만들고 있다. 그때 다른 친구가 구세주같이 나타나서 좋은 뜻으로 해석하고 뚱뚱한 친구의 체면을 세워주고 있다. 당연히 후자가 더욱 인간적인 유머를 구사하고 있다. 바로 이런 유머가 유머의 본래 의미에 맞는 것이다.

원래 유머는 인간성과 불가분의 관계다. 'humor'와 'human', 'humorist'와 'humanist'의 철자가 비슷한 건 우연이 아니다. 유머적인 사람은 인간적인 사람이며, 이런 사람들은 성공할 수밖에 없다.

외환 위기 이후 우리 사회는 예전보다 훨씬 경쟁이 치열해졌다. 이젠 연공서열 의식은 점점 퇴색되고 능력별로 대우받는 것을 당연하게 받아들인다. 같은 과장 직급을 가졌더라도 연봉이 세 배 혹은 네 배 차이가 나는 것은 예사고, 심지어 열 배 차이가 나는 경우도 생겨났다. 이전 같으면 사장에게 대들고 다른 직원들에게 호소하며 펄펄 뛰었을 것이다. 그러나 지금은 이런 소동을 벌이면 손가락질만 받는다. 남보다 열악한 대우를 받는다고 항의하다가는 그나마 간당간당한 위치마저 위험하다. 학연·혈연·지연은 점차 옅어지고, 오직 능력, 실적, 회사 이익을 위해 일로매진해야 하는 것이 샐러리맨의 처지다. 상대를 눌러야 내가 살 수 있다는 강박관념에 빠져 서로를 적대시하는 살벌한 분위기를 너무나 자주 접한다. 하지만 사회적인 분위기가 이렇다고 해서 조직 속의 인간이 꼭 비인간적으로 변할 필요는 없다. 현대 사회에서 기업이 왜 존재하는지 근본 이유를 혼동한 데서 이런 헷갈림이 온 것이다.

그렇다면 기업은 왜 존재할까? 식품 회사, 항공사, 정부투자공사, 할인점……. 선진자본주의 사고방식으로 보면 이 모든 기업은 소비자를 위해 존재하는 것이다. 소비자에게 최고의 제품을 최저 가격에 제공해서, 최고의 만족을 제공한다. 그러기 위해 가장 능력이 있는 직원들에게 잘해줄 수밖에 없다. 장기적으로 보면 소비자는 물론, 기업, 국가 모두 발전한다.

그러므로 집단 이기주의에 휘둘리는 포퓰리즘은 인간의 가면을 쓰고 있으나 다수 소비자에게 피해를 주기 때문에 장기적으로 보면 가장 비인간적이고 어리석은 행동이다. 자본주의의 이런 장점 때문에 직원 간의 차등 대우는 당연히 감수해야만 한다. 물론 그게 억울하면 이직을 하거나 창업하면 된다. 한마디로 현대의 자본주의는 일부 문제점만 지속적으로 보완하면 충분히 인간적인 시스템이라고 볼 수 있다. 소비자의 이익이란 입장에서 볼 때 자본주의 체계는 인간적이다.

비인간적인 사람은 인화단결을 깨고 소비자가 손해를 보는 짓을 감행한다. 그 결과 사람들의 지탄을 받고 도태된다. 반면 인간적인 품성을 가진 사람은 동료에게 인정받고 소비자에게 인정받아 성공한다.

올바른 자본주의는, 그리고 그 원리에 의해 작동하는 기업들은 비인간적인 사람이 성공하는 조직이 아니다. 오히려 인간적인 CEO, 인간적인 직원이 성공한다. 고객이든 동료든 상사든, 비인간적인 사람을 좋아할 사람은 아무도 없다. 구조조정, 명퇴, 다국적 기업, 연봉제 이후에 오히려 생겨나는 인간적인 현상들을 보라.

'Y사의 M사장은 구조조정을 하지 않고 남는 인원을 4교대로 나누었고, 지속적인 교육을 통하여 오히려 생산성을 높이고 있다……'

'M제지에선 환경을 아름답게 가꾸기 위해 한 해 수십억 원을 지역사회에……'

'네트워크마케팅 회사인 A사는 이미 사용해버린 제품도 소비자가 만족하지 못할 땐 전액 환불을 하여……'

'유통 회사인 J사는 즐거운 직장 분위기를 만들기 위해 유머 강사를 불러 특강을 하고 깜짝 이벤트를 벌이는 등 유머 경영을 천명하고 나서…….'

경쟁이 치열해지고 서열화될수록, 동시에 인간적인 사람에 대한 수요도 높아진다. 인간적인 이미지도 능력이다. 아침에 웃으며 출근하는 사람, 점심 때 한마디 유머로 소화를 도와주는 사람, 저녁 때 수고했다는 인사를 건네는 사람, 회식이 끝나고 술에 취한 여직원을 집에까지 안전하게 바래다주는 동료, 고객의 짐을 주차장까지 들어주는 매장 직원……. 이런 게 능력이고 경쟁력이다. 고객을 향해, 상사를 향해, 동료를 위해 인간적인 면모를 보여주는 사람이 성공한다.

비전을 선포하라

한 많은 미아리 고개보다 더 눈물 나는 승진 고개, 실적 고개를 과연 정복할 수 있을까? 직장인이라면 누구나 한 번쯤은 꿈도 꾸었을 테고 좌절도 해보았을 것이다. 신입 사원 땐 핑크빛 꿈에 부풀어 출발하지만, 시간이 지나면서 비전은 눈 녹듯 사라지고 눈치만 기하급수적으로 늘어나는 게 우리네 현실이다. 그럴 수밖에 없다. 좋은 자리는 학력 좋은 사람에게 가고, 영양가 있는 자리는 영어 잘하는 사람에게 가고, 게다가 혈연·지연 따지다 보면 신입 사원 때의 꿈은 신기루같이 허망하게 사라져버리고, 기쁨도 희망도 없이 다람쥐 쳇바퀴 돌 듯 회사와 집을 왕복하는 따분한 신세로 생을 마감할 밖에. 누굴 탓하랴, 돈 없고 배경 없는 게 죄지, 한탄하면서 그저 퇴근 때 포장마차에서 흐트러진 심사를 달래곤 한다.

많은 사람들이 공감하는 내용이기에 모두 다 고개를 끄덕이며 넘어가지만, 여기에 함정이 있다. 당신이 현실에 불만이라면 그건 당신이 재벌 2세가 아니어서도 아니고, 일류 대학을 못 나온 탓도 아니고, 얼짱으로 태어나지 않았다는 원죄 탓도 더더욱 아니다. 단지 당신은 비전을 선포하는 걸 잠시 망각한 것이다.

성공하는 사람은 성공하는 사람의 표정이 있고, 성공하는 사람의 몸짓이 있다. 성공하는 사람의 말투가 있고, 성공하는 사람의 대인 관계가 있다. 성공하는 사람의 식사, 성공하는 사람의 운전, 취미, 인사, 유머, 고객과의 대화, 설득, 리더십, 이미지, 패션, 연애 등 등……. 너무 많아 '등등'이라 했지만 아마 오백 가지에서 천 가지 정도가 다르다고 보면 된다. 그러니 그것들을 바꾸면 된다. 그럼 성 공한다.

"아니, 천 가지나 되는 걸 어떻게 바꿔? 내 나이가 몇인데……. 당신은 바꿀 수 있어?"

이렇게 물으신다면 나도 그 수백 가지는 바꿀 수 없다고 솔직히 고백할 수밖에 없다. 그러나 걱정 마시라. 한 가지만 바꾸면 이 모 든 건 저절로 바뀐다. 그건 바로 비전(Vision)을 선포하는 일이다. 비전을 선포하라!

'난 이사가 될 거야!'

'난 30억 원을 모을 거야!'

'난 저 빌딩의 주인이 될 거야!'

나 자신의 삶을 되돌아보아도 그렇다. 뚜렷한 비전이 있을 때 인 생은 재미있었고, 목표는 이루어졌다.

'담배 끊을 거야!'

1983년 5월 초에 선포해서 동년 5월 말에 이루어졌다.

'유머 강사가 될 거야!'

1987년에 비전을 선포해서 1993년에 이루어졌다.

'작가가 될 거야!'

1991년에 비전을 선포해서 1996년에 이루어졌다.

'그동안 이룩한 유머 노하우를 전수할 유머코칭스쿨을 열 거야.'

2010년에 비전을 선포해서 2011년에 이루어졌다.

물론 이루어지지 않은 것도 있기는 하다.

'고대에 들어갈 거야!'

때는 바야흐로 고3 때, 난 고려대학교에 들어갈 거라고 선포했다. 국어책, 수학책, 영어사전은 물론이고 책상, 자, 연필통까지 고대란 단어로 도배를 했다. 심지어는 '막걸리 찬가'도 미리 배웠다.

하지만 고대는 내게 너무 높았다. 결과는 낙-방! 나는 수개월 동안 멍하니 희로애락을 잃어버리고 낮엔 해파리나 말미잘처럼 온몸을 흐느적거리며 방 안에서 뒹굴었고, 밤이면 무척추 동물처럼 처진 어깨로 세상을 배회하며 보냈다. 그만큼 충격이 컸다. 그러나 그것은 그저 손해는 아니었다. 수년 후 근접 효과를 보았다. 그 비전 때문에 열심히 공부했었고, 그 기본 실력에다 그 후 더욱 각고의 노력 끝에 조금 더 실력을 쌓아 신촌골 라이벌 대학에 합격했다.

가장 위대한 사람은 비전이 있는 사람이다. 마틴 루터 킹 목사는 평생 단 하나의 문장을 외쳤다.

"I have a dream!"

그에게는 흑과 백이 나란히 앉아 서로 존경하고 하나의 위대한 사회를 창조해나가는 꿈이 있었다. 그 꿈은 지금 이루어졌다. 수많은 젊은이들이 마이클 조던을 존경하고, 무하마드 알리를 기억한다. 킹 목사의 비전 덕분이다.

남과 싸우려 할 필요도 없고, 남의 탓을 할 필요도 없다. 그렇다고 내 탓을 할 필요는 더더욱 없다. 비전을 선포하라, 그리고 나 자신의 내면에 자극을 주라! 강렬한 신념은 마법의 힘을 가지고 있다. 그 마력은 무슨 일이라도 이루어지게 한다.

약간의 오버가
조직에 활기를 불어넣는다

경상도 출신 아버지와 그 아들의 행동을 비교했다.

- 아들 : 여자친구가 립스틱을 짙게 바르고 나타났다. 말이 필요 없다. 바로 키스한다.

- 아버지 : 간만에 엄마가 립스틱을 짙게 바르고 있다. "쥐 잡아 묵었나?"

- 아들 : 여자친구와의 약속 시간에 10분 늦었다. "사랑스런 우리 자기, 많이 기다렸어?"

- 아버지 : 3일 동안이나 무단 외박하고 들어왔다. "밥 도……"

- 아들 : 오랜만에 여자친구에게 꽃을 선물한다. "너보다 이쁜 꽃은 없어서 그냥 장미 샀어."

- 아버지 : 간만에 화분 하나 사가지고 들어왔다. "니 이 화분 또 죽이마 니가 죽는다. 알았나!"

- 아들 : 여자친구와 밥을 먹는다. "많이 먹어. 너는 먹는 모습이 제일 예뻐."

- 아버지 : 엄마와 식사를 하고 있다. "니 앞으로 밥통에 밥 비비마 죽는다! 알았나?"

이런 남자가 가장이면 집 안 공기가 숨이 막힌다. 직장도 마찬가지다. 직원들이 사장님 눈치 보느라 숨도 제대로 못 쉰다.

우리 사회가 융통성이 없고 무뚝뚝한 모습이라면, 그것은 유교적 엄숙주의 문화에서 기인한다.

"어허, 남자가 어찌 채신머리 없게 우노?"

"여자가 우찌 큰소리를 내노? 암탉이 울면 집안이 망한대이."

남자의 입은 바위처럼 신중해야 하고, 선비의 행동은 산처럼 흔들림이 없어야 하느니……. 유교적 엄숙주의 문화는 수직적 문화를 구성했다. 우리나라 말엔 인간 대 인간으로 평등하게 사용할 만한 언어 체계가 발달하지 않았다. 상사에겐 높임말, 아랫사람에겐 하대말이 있을 뿐이다. 위의 대화에서 보듯 윗사람은 마음대로 말해도 되지만, 아랫사람은 침묵할 수밖에 없었다. 자연스런 침묵이 아니고 강요된 침묵이기에, 뒷말이 장마 후 버섯 생기듯 수없이 양산된다.

"우리 사장 정말 문제 있어!"

"우리 아버지 얼굴만 보면 미치겠어!"

물론 이런 말을 면전에선 할 수 없다. 그러니 밀실에서 푼다. 공식적인 자리에선 즐거움이 없다. 오직 은밀한 폐쇄 공간인 룸살롱에서만 웃음이 나온다. 하지만 이런 웃음은 병든 웃음이다.

유교 문화에 이어 식민지 시대와 보릿고개로 상징되는 지독한 가난, 수백만이 죽어 나간 전쟁, 그에 따른 이념 논쟁, 독재 정권의 등장으로 인한 고문, 부정 부패 그리고 인간성 상실……. 이런 것들은 필연적으로 정상적인 인간관계가 아니라 은폐 문화, 눈치 보기 등을 만들어냈다. 이런 사회에선 튀면 자기만 손해다. 오직 복지부동. 행여나 정 맞을까 모난 부분을 스스로 숨긴다.

강의 나가면 가장 힘든 대상이 있다. 남자, 중년, 경상도. 이 3대 조건을 완전히 충족시키는 대상을 상대로 강의할 때면 숨이 콱 막힌다. 아, 어쩌란 말이냐. 아무리 웃겨도 웃지 않는 사람들을 대하는 유머 강사의 이 아픈 가슴을.

정보화 사회는 새로운 머리와 새로운 육체를 요구한다. 산업화 시대의 고정관념에서 벗어나 창의력과 아이디어 넘치는 머리를 가진 사람이 잘 팔린다. 또 과거 한국 사람의 특징이요 전형적 얼굴상인 포커페이스에서 벗어나, 다양하고 화려한 표현력을 가진 사람이 인기가 높다.

기업체의 신입 사원 면접도 변화하고 있다. 면접관이 물으면 겨우 한마디 대답하는 모범 답안 시대는 끝나고, 자신 있게 자신을 소개하고 면접관을 확실하게 설득하는 끼 있는 사람이 오히려 인기다.

한마디로 '오버맨'이 인기다. 어느 조직이든 오버맨이 하나 있으면 분위기가 밝아진다. 칼칼할 때 청량제 역할, 더울 때 에어컨 역할을 하는 사람들이 이들이다.

- 방송인 지상렬 : 우리말과 영어를 자기 마음대로 혼합해 사용한다. 〈꽃을 든 남자〉란 노래가 나오면 "플라우어 든 남자 나오네요"라고 말하고 또 가수가 자기 홍보를 해대는 걸 보곤 사정없이 들이댄다. "아니 박진도 씨 돈 땡겨 썼어요? 웬 자기 피알을……."
- 스포츠 캐스터 송재익 : 비유 묘사가 탁월하다. "아, 일본 축구 선수들 헤매고 있어요. 마치 사막 자갈밭을 맨발로 뛰는 것 같아요."
- 씨름에서 격투기 선수로 변신한 최홍만 : 단연 '테크노 골리앗'이란 명성에 걸맞는 댄스와 표정이다. 테크노 없는 최홍만? 상상할 수 없다!
- 사우스웨스트 항공의 켈러허 회장 : 켈러허 회장은 기내에 나타나 고객들 앞에서 한바탕 댄스와 유머를 선보이기도 하고, 직원들과 어울려 일터를 웃음 바다로 만든다.

나 역시 강의 외에도 집에서도 이 방법을 자주 사용한다.

- 안방에서 부엌에 있는 아내에게 갈 때도 댄서 킴처럼 깜찍하게 외친다. "내가 그쪽으로 가겠어요!" 그러고는 댄스 스텝으로 이동한다.

- 표정 오버도 효과가 좋다. 딸을 야단친 적이 있다. 잠시 후 일 부러 부딪치곤 화를 냈다. "아니 뭐 하는 사람이야? 눈 똑바로 뜨고 다녀!" 그러고는 화들짝 놀라는 표정을 지으며 "아니 세상에서 제일 예쁜 우리 딸 아냐?" 하고 말한다.
- 말의 톤에 변화를 준다. 평소 음정에서 한 음 정도 올려 "오호, 머리가 예뻐졌는걸" 하고 아내의 변화를 알아준다.

오 버 액션

3

인간관계

재치 있는 유머가
당신의 인생을 바꾼다

궤변은 궤변으로
물리쳐라

김 대리가 부장에게 하루 쉬겠다는 휴가원을 냈다. 그러자 부장이 말한다.

"김 대리, 1년은 365일이지? 하루는 24시간이고, 그중 자네 근무시간은 8시간이지? 하루의 3분의 1을 근무하니까 결국 1년에 자네가 일하는 날은 122일밖에 안 된다는 얘기야. 그중에서 52일이 일요일이고, 반만 일하는 토요일을 26일로 치면 겨우 44일이 남아. 그걸 자네가 다 일하나? 밥 먹는 시간에, 화장실 출입하는 시간에, 담배 피는 시간까지 합하면 하루에 최소한 3시간은 빠진다구. 그걸 다 빼면 자네가 일하는 시간은 27일이라는 소리지. 게다가 자네 여름 휴가는 열흘이지? 그럼 17일이 남는군. 그중에서 신정, 구정, 식목일, 근로자의 날, 어린이날, 석가탄신일, 현충일, 제헌절, 광복절, 추석, 크리스마스, 그리고 회사 창립기념일까지 휴일이 총 16일이야. 결국 자네가 제대로 일하는 날은 1년에 딱 하루라 이거야! 그런데 그 하루마저 휴가원을 내면, 아예 놀고먹겠다는 건가? 자네도 입이 있으면 대답 좀 해보게."

그러자 김 대리가 억울한 표정으로 말한다.

"부장님, 전 너무 피곤합니다. 왜 그런지 이유를 말씀드리죠. 우리나라의 4천만 인구 중에 남자가 2천만 명입니다. 그중에서 1천6백만은 학생이거나 어린이들이죠. 그럼 4백만이 남습니다. 현재 백만 명이 국방을 위해 군대에 있거나 공익근무요원으로 근무 중이고, 백만 명이 국가 공무원입니다. 그럼 2백만이 남는 거죠? 또 180만 명이 정치를 하거나 지자체 공무원들이니 남는 건 20만 명, 그중에 18만 8,000명이 병원에 누워 있으니 겨우 1만 2,000명이 남죠. 그리고 1만 1,998명이 감옥에 가 있으니까 결국 두 명이 남아서 일을 하고 있다는 얘깁니다. 바로 부장님과 저! 그런데 부장님은 매일 제가 올린 보고서에 결재만 하고 있으니 실제로 일하는 사람은 대한민국에서 오직 저 하나뿐이라구요. 제가 얼마나 피곤한지 아시겠죠?"

전두환 전 대통령 역시 국회 청문회장에서 궤변으로 빠져나갔다.

전 : 존경하는 국회의원 여러분, 좀 전에 한 의원께서 말한 대로 정주영 회장은 참 훌륭한 분입니다. 그렇죠?

의원 : (끄덕끄덕)

전 : 훌륭한 분은 법을 잘 지킵니다. 본인에게 정치 자금을 주는 건 불법입니다. 그렇다면 훌륭한 정 회장이 불법으로 정치 자금을 제공했을 리가 없지요?

의원 : (얼떨떨)

전 : 정 회장이 주질 않았는데, 제가 받았을 리 없지요. 그렇죠?

김 대리는 상사의 궤변을 물리쳤는데, 청문회 의원들은 전두환 전 대통령의 궤변에 꼼짝 못하고 당하고 말았다. 그럼 전혀 방법이 없었던 것일까? 방법이 없을 리 없다. 상대가 한 점 허점이 없더라도 설득해야 할 판인데 궤변임에랴.

궤변은 말 그대로 어설픈 자기 변명일 뿐이기에 그 자체에 허점을 가지고 있다. 그 허점을 파고들면 된다. 이렇게 반격했다면 어땠을까?

의원 : 제대로 된 국가에서라면 기업가가 정치 자금을 제공할 리가 없겠죠?

전 : …….

의원 : 그러나 독재 국가에서 제정신을 가진 사람이라면 절대 권력자의 요구를 무시한 채 대들 리 없겠죠?

전 : …….

의원 : 그러므로 제정신을 가진 정 회장이 당신의 강압적 요구를 거절할 수 없었겠죠?

전 : (멍)

우리가 알아본 바대로 궤변가의 특징은 다음과 같다.

첫째, 일견 논리적 구조를 갖추었기에 설득력이 높다.

둘째, 그럴듯하게 보이기 위해 과장, 인용 등 수사법을 적절히 활용한다.

셋째, 그러나 제대로 된 궤변을 만나면 꼼짝 못한다.

'이에는 이, 눈에는 눈'이란 말이 있다. 복날의 더위는 삼계탕의 뜨거움으로 물리치는 것처럼, 궤변은 궤변으로 물리쳐라.

노장의 파워를
보여줘라

1984년 미국 대통령 선거 때 레이건과 측근들은 '대통령이 되기엔 너무 늙었다'는 대중적 인식을 극복하는 것이 선거전의 가장 큰 과제라고 판단했다. 경쟁자인 먼데일 후보가 줄곧 레이건의 '고령'을 문제 삼고 나섰기 때문이다. 그는 어떻게 그 공격을 맞받아쳤을까? 다음은 후보들의 TV 토론회에서 오갔던 대화 내용이다.

먼데일 : 대통령의 나이에 대해 어떻게 생각합니까?

레이건 : 나는 이번 선거에서 나이를 문제 삼지 않겠습니다.

먼데일 : 그게 무슨 뜻입니까?

레이건 : 당신이 너무 젊고, 경험이 전혀 없다는 사실을 정치적 목적에 이용하지 않겠다는 뜻입니다.

나이 들었다고 무시당하는 건 정말 참을 수 없고 서글픈 일이다. 그러나 속상하다고 해서 "요새 젊은 것들이 말야, 어른 공경할 줄도 모르고……"라며 말했다가는 더 험한 꼴을 당할지 모른다. 인생

연륜에 걸맞은 여유만만 노장의 유머 센스로 상대의 논리를 무찔러보자.

레이건의 일화는 그 대표적인 예다. 레이건의 한마디는 미국 전역의 안방을 웃음 바다로 만들었다. 먼데일이 집요하게 제기하는 나이 문제를 절묘하게 상대에 대한 공격 수단으로 바꿔버렸기 때문이다. 선거 이후의 평가에 의하면 이 유머는 레이건의 당선에 상당한 역할을 했다고 한다.

'사오정' '오륙도'에 이어 '삼팔선' '이태백'까지 나오는 판이니 중·장년들은 임금 피크제는 물론, 명퇴, 황태(황당하게 쫓겨나기), 동태(겨울에 쫓겨나기)에 구조조정당하고도 따지지도 못하는 형편이다.

그러나 당신이 유머형 인간이라면 비상구는 있다. 당당히 자신의 권리와 장점을 밝혀라. 말 한마디로 자신의 가치를 살리는 것이다.

한 중소기업에서 평생을 바친 58세의 김 부장에게 드디어 저승사자가 찾아왔다. 회사 방침에 의해 50세 이상은 순차적으로 물러나란 것이다. 아니 원시시대라면 몰라도 지금이야 50대라면 이제 팔팔한 청년 아닌가.

"김 부장님, 회사 입장에선 부득이 고령자순으로 명퇴를 받을 수밖에 없습니다. 낼모레 환갑이시죠?"

이때 흥분해 노인 우대 정책이나 인륜, 의리를 내세웠다간 상대의 미끼에 걸려들게 마련이다. 차분하면서도 당당하게 자신의 가치를 주장해보자.

"이사님 말씀대로 제가 낼모레 환갑입니다. 나이 기억해주셔서 감사합니다. 이사님 말씀대로 회사 업무를 제대로 수행하지 못할 지경이라면 권유가 없어도 그만두어야지요. 그런데 한 가지만 묻겠습니다. 왜 고령순이죠?"

"그건 아무래도 연세를 드시면 체력도 떨어지고…… 그러면 생산성이……."

"좋습니다. 체력이 문제라니 체력 테스트에 응하겠습니다. 팔굽혀펴기나 턱걸이, 윗몸 일으키기를 해서 뒤떨어지면 미련 없이 물러나겠습니다."

그러나 상대라고 하나의 전략만 고수할 리가 있나. 색다르게 압박이 들어올 수도 있다.

"단도직입적으로 말씀드리겠습니다. 고객만족 차원에서 젊은 사람 위주로 진용을 짜서 공격 경영을 해보려고 합니다."

"참 올바른 선택입니다."

"……."

"무기력한 자세로 고객만족을 달성할 순 없겠죠. 그런데 지금 우리나라 축구 국가 대표 감독의 최고 고민이 뭔지 압니까?"

"글쎄요……."

"믿을 만한 노장이 부족하다는 겁니다. 공격 라인은 젊은 선수들 위주로 짜면 잘하는데, 막상 젊은 수비수들은 위기 시에 우왕좌왕한다는 거죠. 회사에서도 마찬가지입니다. 잘 나갈 때는 좋은데 위기가 닥칠 때 조직을 수호하는 건 노련한 수비수들이지요."

물론 이러한 대응을 해도 회사 사정상 물러날 수밖에 없을 수도 있다. 그러나 유머 대응의 속성상 당신의 인상은 상대에게 깊이 각인될 것이며, 조만간 상대는 분명 당신을 다시 한 번 평가하게 될 것이다.

유머는 상대에게 여유와 배짱, 능력과 근성의 이미지를 전달해준다. 그것은 대부분의 CEO들이 부하 직원들이 갖기를 바라는 중요 덕목들이기도 하다.

나이 들었다는 건 결코 단점이 아니다. 나이 든 자만의 장점을 부각시켜라. 자부심으로 가득 찬 노장이 아름답다.

비난을 여유롭게
받아넘겨라

1985년 김대중 전 대통령이 오랜 망명 생활을 마치고 귀국했을 때의 일이다. 공항에 도착한 그가 여러 명의 미국 국회의원들과 함께 나타나는 사진이 신문에 실렸다. 그를 싫어했던 사람들은 일제히 그가 사대주의자라는 비난을 퍼붓기 시작했다. 다음 날 신문에 김대중 전 대통령의 인터뷰 기사가 실렸다.

그는 비난 여론에 대해 어떻게 생각하느냐는 기자의 질문에 조금의 머뭇거림도 없이 이렇게 대답했다.

"사진을 잘 보세요. 내가 제일 먼저 걸어 나왔습니다. 만일 내가 그들의 뒤를 따라 나왔다면 겁쟁이에 사대주의자겠지만, 그들이 날 따라 나왔으니 난 사대주의자가 아닙니다."

상대의 비난에 감정적이고 즉각적인 반격 대신 일보 후퇴의 냉철한 대응으로 위기에서 빠져나오고 있다. 이 한마디로 그는 엄청난 정치적 지지 세력을 얻게 되었고, 훗날 대통령이 되는 중요한 전기가 된다.

　누구라도 자신을 비난하는 말에 할 말이 있을 것이다. 그러나 감정에 복받쳐 위기에서 빠져나오려 하면 할수록 더 깊은 수렁으로 빠지게 된다. 마치 함정에 빠진 개미가 살려고 발버둥치면 칠수록 개미귀신이 만든 함정에 더욱 깊이 빠지는 것처럼.

　그렇다면 프로는 어떻게 비난에서 빠져나올까?

　여러분 자신에게 가해진 그 숱한 말들을 분류해보라. 사과 농장에서 과일 분류기를 통해 굵고 실한 놈, 잘고 고른 놈 등 자동으로 분류하면 실한 놈 3개에 부실한 놈 7개가 나온다. 인간관계도 엇비슷한 확률이 적용되는바, 칭찬이 3이라면 비난은 그보다 훨씬 많은 7이다. 칭찬은 에너지와 교양, 인내와 훈련이 필요하지만, 비난은 본능적으로 나온다. 특히 배려 문화가 부족한 우리네 상황에선 비난이 더욱 판친다.

　일반적으로 직장인들은 상사나 고객에게 받은 비난을 술로 푼다. 아니면 죄 없는 자식을 잡거나…….

　"니네들이 월급쟁이의 비애를 알기나 해!"

　"너희 가르치느라고 이 아빠가 얼마나 수난을 당하는지 아니?"

　이런 방법들은 자신을 더욱 악순환에 빠지게 한다. 비난에 대한 맞비난은 부메랑이 되어 자신에게 돌아오기 때문이다. 인간은 비난, 저주, 야유, 왕따 등 부정적 충격을 받았을 때는 심리적으로 빨리 청산하고 빠져나오고 싶어 한다. 그 방법으로 동료에게 하소연하거나 없는 데서 상사 욕하기, 자기 학대 등을 한다. 그러나 이런 행동은 모두 비난으로 인한 상처로부터 확실하게 빠져나오지 못하고 문제를 더욱 악화시킨다는 데 취약점이 있다.

프로들은 비난을 제대로 받아내는 방법을 알고 있다. 비난받고 짜증내는 건 스스로를 망치게 할 뿐이다. 김대중 전 대통령처럼 상대의 비난 자체에 내재되어 있는 모순을 지적하는 것도 좋은 방법이다. 비난받아도 속상하지 않고 웃을 수 있는 비결 중 또 하나는 비난의 '재구성'에 있다.

"한심한 사람 같으니!"
"한심? 아하, 그렇지! 난 '一心'을 잃지 않는다고."

"야, 바보야!"
"바보? 아하, 그렇지. 난 '바'라볼수록 '보'고픈 사람이니까."

또 비난을 진심으로 환영하는 사람도 있다.

"부장님이 야단치실 때마다 저 자신이 성장하는 걸 느낍니다."
"고객 분들에게 지적받을 때마다 개선이 이루어진답니다. 앞으로도 많은 지도 편달 바랍니다."

비난받는 순간 당신은 어떤 유형인가?

사랑도
죄인가요?

3초 반전을 꾀하라

관리는 공융을 앞으로 건달이 될 확률이 있는 어린이라고 못 박았다. 그런데 잠시 후 공융은 한마디 대응으로 그 관리야말로 지금 건달 짓을 하고 있다는 걸 보여준다. 두 사람의 처지가 순식간에 멋지게 반전되고 있다.

일자리를 구하려고 혈안인 청년이 동물원에서 죽은 고릴라의 대역을 맡기로 했다. 우리 속에 들어간 그는 목청껏 으르렁거리면서 미친 듯이 날뛰기도 하며 맡은 일에 열을 올려 구경꾼들의 갈채를 받았다. 구경꾼들이 좋아하는 것을 보고 신이 난 그는 철책을 잡고 꼭대기로 기어 올라가 영악한 사자 네 마리가 있는 옆 우리로 들어갔다. 그 순간 사자들이 다가오는 것을 본 그는 넋을 잃고 소리를 질렀다.

"사람 살려!"

그러자 사자 한 마리가 다가오더니 귀띔했다.

"닥쳐, 이 얼빠진 것아! 떠들면 우리 모두 실업자가 된단 말이야!"

무서운 사자가 오는 줄 알았더니 사실은 그 역시 사자 가죽을 둘러쓴 불쌍한 사람들이다. 유머가 재미있는 이유는 반전의 요소가 내포되어 있기 때문이다. 이제부터 유머적 센스를 이용해 내게 불리한 상황을 유리한 쪽으로 반전시킬 수 있는 능력을 키워보자.

얼마 전 내가 겪은 일이다.

"은행원 맞으세요?"

아차차차, 그녀 얼굴이 일그러진다. 돈 세는 걸 실수하는 모습을 보며 웃으면서 한마디 한 게 그녀 입장에선 비아냥거리는 소리로 들렸을 게 틀림없을 터. 이놈의 입이 방정이지. 그러나 위기 탈출 한마디, 비장의 무기 반전 기법이 있으니.

"얼짱이셔서요. 탤런트인 줄 알았네요……."

이 한마디에 다시 화색이 도는 그녀의 얼굴을 감지할 수 있었다. 말실수했을 때 그럴듯하게 위기를 탈출하려면 3초 이내에 반전시켜야 한다. 시간이 오래 걸리면 상대방이 말실수를 눈치 챌지도 모르므로.

유머의 고수들에겐 이런 반전이 거의 3초 이내에 완결된다. 그러나 고수의 반열에 이르기까지 피땀 흘리는 노력이 필요하다. 반전의 과정은 다음과 같이 이루어진다.

- 1단계 : 아차 하는 실수 감지
- 2단계 : 실수의 말이 오히려 칭찬의 말이 될 수 있는 경우의 수 포착
- 3단계 : 반전 가동

이런 단계가 진짜 3초 안에 이루어진다. 탤런트나 연극 배우들은 실제 생활에서도 이런 반전을 잘한다. 극중에서도 반전이 자주 일어나기 때문이다. 〈하이킥〉이나 〈프렌즈〉 등 TV 시트콤을 보면 순간적인 기지를 발휘하는 모습을 자주 볼 수 있다. 우리나라 연예인 중에는 김제동, 신동엽 등이 반전 능력이 뛰어난 걸로 알려져 있다.

21세기는 생활 연기의 시대다. 유머 센스만 있으면 아무리 불리한 상황이라도 겁날 게 없다. 3초면 반전이 되니까.

위기를 기회로 바꿔라

한 젊은 선비가 출셋길을 알아보려 대원군을 만나 법도대로 인사를 했으나 대원군은 본체만체 붓을 들어 난만 치고 있었다. 절을 하는 걸 못 보았나 싶어서 젊은 선비가 한 번 더 큰절을 올리자 대원군의 불호령이 떨어졌다.

"네 이놈! 네 놈 들어올 때부터 유심히 보았는데, 어째서 산 사람에게 두 번 절을 하느냐? 나보고 빨리 송장이나 되라는 뜻이렷다!"

아차, 이제 출세는커녕 어르신 능멸죄로 멸문지화를 당할 순간이었다. 그러나 젊은 선비는 동요하는 빛도 없이 느긋하게 사정을 말한다.

"그게 아니구유, 첫 번째 절은 처음 뵙겠습니다란 뜻이구유, 두 번째 절은 저를 본체만체하시니 그냥 물러가겠사옵니다 하는 뜻이었구만유."

힘도 들이지 않고 능청스럽게 수월수월 넘어가는 그의 말솜씨에 감복한 대원군은 필시 범상치 않은 인물이라 생각하고는 그를 요직에 등용했다.

한국 역사상 콧대 높기로 치면 누가 최고일까? 강남구민? 서울대 출신? 유학파? 타워팰리스 주민? 이들의 세도도 대단하나 지금 소개할 분들에 비하면 새 발의 피, 즉 조족지혈(鳥足之血) 정도밖에 안 된다. 그분들은 바로 세도의 상징 안동 김씨 가문. 요즘에도 술집이나 경찰서에서 "나 검찰청 사람인데" "나 파란 지붕에 있는 사람인데" 하면 통하는 식으로 순라군들의 야간 통금에라도 걸리면 "나 안동 김씨의 김 아무개요" 하면 모두가 알아서 설설 기었다.

그런데 그렇게도 세도 높기로 유명한 가문을 납작하게 눌러버리고 천하에 이름을 날린 이가 있으니 그가 바로 대원군이다. 날아가는 새도 떨어뜨릴 막강 울트라 캡션 권력 파워 짱인 그 대원군에게 젊은 선비가 겁도 없이 도전장을 낸 것이다.

다음은 처칠의 이야기다. 제2차 세계대전 초기, 영국의 처칠 수상이 미국의 원조를 받기 위해 루스벨트 대통령을 만나러 갔을 때의 일이다.

숙소에서 목욕을 한 뒤 수건만 두르고 있는 처칠 앞에 돌연 루스벨트가 나타났다. 순간, 몸을 일으키던 처칠의 허리에서 수건이 스르르 흘러내렸다. 정장의 루스벨트와 알몸의 처칠, 참으로 기묘한 장면이었다. 그때 처칠은 빙그레 웃으며 이렇게 말했다.

"보시다시피 영국 수상은 미국 대통령 앞에서 숨길 것이라곤 아무것도 없습니다."

처칠의 태연스런 유머에 박장대소한 루스벨트 대통령이 마음속으로 그를 좋아하고 존경하게 되어 정상회담이 순조롭게 이행되고,

급기야 미국의 도움을 얻어내 독일을 물리칠 수 있게 된다.

젊은 선비와 처칠 모두 중대 위기를 맞았으나, 오히려 그 위기를 역전의 기회로 삼았다.

누구나 알아주는 굴지의 기업 S보험사에서도 잘나가기로 소문난 김 부장은 옛날 생각을 하면 아직도 웃음이 난다. 때는 바야흐로 지금으로부터 19년 전, 홍안의 청년이었던 그가 입사 면접을 본 그날 그 장소. 지금은 김 부장을 자식처럼 아끼는 그룹의 명예회장(당시 전무이사)과 면접 시험 때 나눴던 대화다.

"흠, 대학에서 종교학을 전공했군. 영업을 하려면 융통성도 있어야 하는데 거짓말은 조금도 못 할 테니 우리 일과는 안 맞겠어."

이게 무슨 안타까운 변고란 말인가. 어떻게 해서 여기까지 왔는데, 여기서 떨어지면 안 되지 암. 엉뚱하고 황당하게 느껴지는 소리도 하는 게 종교적 융통성 아닙니까, 라고 말해볼까. 종교 쪽 사람도 사람마다 다르고 그때그때 달라요, 라고 우길까. 불과 몇 초 사이에 여러 가지 생각을 하고 있는 자신이 신기하단 생각도 들었다. 그러다가 불현듯 이 위기를 기회로 만들자는 생각이 들었고, 빙그레 웃으며 이렇게 대응했다.

"예리한 추측이십니다. 그런데 그런 생각은 여기 계신 분들뿐만 아니라 고객도 그렇게 생각한단 겁니다. 저 사람은 종교학을 했으니 이 상품을 판매하며 거짓말은 안 하겠군, 하고 말이지요."

이어 좀 더 이야기하려 했지만 면접관들이 전무를 보며 웃는 것으로 이미 대세는 판명났다.

위기에 빠졌을 때 사람들은 당황한다. 당황하면 사리분별을 못한다. 당연히 악수를 두게 되어 있다. 반면 프로들은 위기에 침착하다. '위기(危機)'란 다른 말로 하면 '위험하지만 잘 활용하면 아주 좋은 기회'인 것이다. 프로 복서들은 자신에게 주먹을 날리는 위기의 순간을 오히려 기회로 삼아 살짝 피하며 카운터 펀치를 날려 상대를 쓰러뜨린다. 힐러리는 남편의 성추문이란 위기를 통해 오히려 위대한 지도자로 거듭났다.

"난 남편의 이번 행위를 용서할 수 없습니다. 그러나 사랑을 포기하진 않겠습니다."

당혹스런 일을 당했을 때 낭패라고 생각하는 사람에게는 위기지만, 도약의 기회라고 생각하는 사람에겐 성공의 한 과정일 뿐이다.

미운 사람은
떠나 보내라

클레망소는 정치인들을 욕하면서 동시에 용서해주고 있는 듯하다. 악인의 문제점을 직시하면서도, 악인을 미워함으로써 고통받는 사람들을 해방시켜주는 묘한 해결책을 제시한다.

광복 이후 우리는 이 노래를 불렀다.

'압박과 설움에서 해방된 민족♬'

제국주의자의 압박이나 독재로부터의 압박도 괴롭지만, 스스로 지고 다니는 압박에 괴로워하는 경우가 많다. 이제 자신이 지은 감옥에서 해방돼보자.

미운 짓 하는 사람보다도, 사실은 미워하는 사람이 더 고통받는다는 것은 익히 알려진 사실이다. 남을 미워한다는 것이 기실은 자신을 파괴하는 행위이기 때문이다. 마치 검지로 남을 손가락질하면 나머지 세 개의 손가락이 자신을 향하는 것처럼.

좋은 사람은 떠나가서 문제고, 미운 사람은 또 봐서 문제다. 우리는 대부분 미운 사람을 향해 빨리 사라지라고 고사를 지낸다. 하지만 그런다고 떠난다면 미운 사람이 아니다.

이제 미운 사람을 밉지 않은 사람으로 만들어보자.

정말로 미운 사람을 생각해보라. 좋다. 그를 잠시 늑대라고 부르자. 늑대를 만나기 전엔 누가 미웠나 떠올려보라. 그 사람을 멧돼지라 칭하자. 늑대 전엔 멧돼지가 미웠다. 그러나 막상 늑대가 나타나자 멧돼지는 아무것도 아닌, 어쩌면 인간적인 사람으로 해석되기도 한다. 그렇다. 사람의 감정은 상대적이다. 지금은 늑대의 말투, 늑대의 웃음, 늑대의 몸짓 하나도 끔찍할 정도로 밉지만, 살다 보면 조만간 늑대보다 더한 하이에나 같은 놈을 당신은 만날 것이다. 그러면 그를 미워하게 되고 늑대에 대해선 잊게 될 것이다. 그러니 차라리 지금부터 늑대에 대한 미움은 걷는 게 어떨지.

미운 사람을 생각하며 외쳐보라.

그래 이놈아, 이 미운 놈아! 너보다 더 미운 놈에 비하면 훨씬 덜 미운 놈아. 이젠 널 내 기억 속에서 해방시켜주마. 그러니 내 머릿속에서 잘 가렴, 몸조심하고.

바톤터치!
잘해봐~
흐흠~

4

비즈니스

적절한 유머가
협상을 성공시킨다

속마음을 솔직하게
밝혀라

"오늘 유머 경영의 원조 사우스웨스트 항공 켈러허 회장을 소개하려 했습니다. 그런데 강의 바로 직전 청중 한 분과 명함을 교환했는데 그분이 사우스웨스트 항공 한국지사 지사장님인 거예요. 오늘 일이 잘 풀리는구나 생각했는데, 명함을 자세히 살펴보니 그분은 사우스웨스트 항공이 아니라 경쟁사인 노스웨스트 항공 지사장님인 거예요. 일이 안 풀려도 이렇게 안 풀리나…… 거듭된 후회가 생기더군요. 차라리 다른 예화를 준비할걸, 아니면 내가 늦게 도착했더라면 누가 누군지 모른 상태에서 부담 없이 강의할 수 있었을 텐데……"

KCMC(다국적기업 최고경영자협회)에 만찬 특강 강사로 초빙받아 갔을 때의 시작 멘트다.

나의 말이 끝나자 청중들이 배꼽을 잡고 웃음을 터뜨렸다. 물론 지금 이 글을 읽는 독자는 간접적으로 전달받는 입장이기에 '뭐가 그리 재미가 있어?'라고 생각할 수도 있을 것이다. 원래 웃음이란 그 상황을 잘 알고, 같이 느끼고 몰입한 사람들에게 발생하는 것이기 때문이다.

내가 말하고자 하는 요지는 이렇다. 일이 안 풀릴 때 당황하거나 숨기려 하지 말고, 자신의 감정을 솔직하게 밝히라는 말이다. 강사로서 내가 당황하고 긴장했다는 사실, 배가 살살 아프다든가, 뭔가 일이 꼬이고 있다는 걸 솔직히 밝히면 청중은 마음을 열어준다.

'그래, 저 사람은 강사지만 자기도 인간이지……. 뭐 매사 일이 잘 풀리겠어? 어려울 때도 있겠지.'

속마음 밝히기는 내가 자주 써먹는 유머 기법 중 하나다. 사실 연사가 준비한 대로 매사가 술술 풀리는 경우란 드물다. 전혀 생각지 않았던 일들이 일어나고, 준비한 원고가 갑자기 비에 젖어 안 보이기도 하고, 깜빡하고 원고지나 시계를 가방에서 꺼내지 않은 상태에서 연단에 선 경우도 있다. 또 강의를 시작하려는데 지퍼가 열려 있기도 하고, 누군가 난처한 질문으로 분위기를 다운시키는 경우도 있다. 물론 감정은 엉망이 된다. 그 감정을 안 그런 척 넘어가려 하면 대부분 더 엉망이 되기 십상이다. 얼굴이 벌게지고 말이 버벅대며 나온다. 이럴 땐 차라리 내가 처한 한심한 상황을 솔직히 사람들에게 고백한다.

"오늘 이리저리 강의를 진행시키자 생각했는데, 질문 하나 받고 나선 순서를 까먹었어요."

"아, 갑자기 배가 고프네요. 웃기죠? 무슨 강사가 배고프다고 하다니……. 제 강의는 에너지가 많이 소비되거든요. 음료수 한 잔만 부탁할까요? 설탕 듬뿍 넣은 커피도 한 잔 추가요!"

기대와 다른 말이 나오는 순간, 저 높은 곳에 있는 강사의 위엄이 땅에 떨어지는 순간, 사람들은 우월감을 느끼며 웃는다.

한 교회에 부흥사로 초빙받아 온 고명한 목사가 진지하게 설교를 하고 있다.

"여러분, 예수님은 말씀하셨습니다. 사람이 떡으로만 살 것이 아니요, 하나님의 말씀으로 살아라. 정신적인 양식이 더욱 필요한 시대란 것입니다."

그러다 갑자기 말투와 표정이 바뀐다.

"그런데 설교 후에 저녁은 뭘 준비했나 모르겠네요……. 배고프니까 양 좀 많이 준비하라고 시키지."

저 높은 곳 하늘에 있다가 냄새 나는 땅으로 내려온 듯한 모습에 신도들이 배꼽을 잡으며 웃는다.

강사, 연사, 교수, 교사, 성직자들의 표현은 일반적으로 고고하고 학문적인 모습을 보인다. 그래서 엄숙하고 진지하다. 그런데 갑자기 자신의 실수나 본능, 인간적이고 난처한 점을 말하면 청중들이 배꼽을 잡는다. 겉모습과 속마음의 차이를 일부러 보여줄 때 유머가 되는 것이다.

유머가 윤활유 역할을 한다는 것은 이제는 다 알 것이다. 윤활유는 자동차의 과열, 소음을 방지하는 역할을 한다. 유머 역시 대화나 스피치에서 과열을 방지한다. 또 유머는 방의 환기창이나 악보의 쉼표와도 같다. 건조한 주장이 쉴 없이 열거될 때 청중은 지치고,

메시지는 상대의 귀에까지 도달하지 못하고 공중에서 분해된다. 유머 없는 스피치는 고비용 저효율의 커뮤니케이션이다. 한마디 솔직한 감정의 표출이 당신을 웃음 제조기로 만들 것이다.

고집불통은
대화로 상대하라

"하라면 해!"

"까라면 까!"

"시키면 시키는 대로 해!"

이런 사람들은 단순하다. 세상은 오직 하나의 질서로만 움직인다고 생각한다. 가정에서 가족들은 모두 가장의 명령에만 복종해야 한다. 대화도 없고 타협도 없다. 그들은 또한 국가는 오직 한 분의 영도력으로만 움직인다고 생각한다. "짐이 곧 국가"라고 한 루이 14세나 민족의 태양 김정일 동지나 유신만이 살 길이라고 외친 분이나 자기 말대로 '조지고 부수면' 만사 문제 없다는 분들의 사고방식은 단세포적이다. 이들에게 질서는 하나다. 하나만 존재한다. 민주주의 이전의 철학이다.

하지만 민주주의는 다름을 인정한다. 음이 있으면 양이 있고, 해가 있으면 달이 있다. 정(正)이 있으면 반(反)도 있음을 안다. 민주주의는 1과는 또 다른 2가 있음을, 양주 마니아가 있으면 어딘가는 막걸리 마니아도 존재함을 말하는 사람에 의해 생겨났다.

남성 우월론자가 말한다. 남성이야말로 우주의 질서다. 21세기가 시작된 지도 한참 되었는데, 2천 년 전 원리 원칙이 아직까지 유지된다는 것도 신기한 일이다. 그것도 우주 질서에 맞지 않는 엉터리 논리를 말이다.

"여자는 사제가 될 수 없다."

"여자는 제사를 지낼 수 없다."

이런 사람들의 논리적 허점을 찾는 것은 그리 어렵지 않다. 세상이 그렇게 생기지 않았기 때문이다.

"남자가 여자보다 우월한 존재라고요? 그렇다면 이상하군요. 왜 그 잘난 남성이 여성의 몸을 통해 태어나죠? 그 안에서 열 달 동안 성장하고, 더군다나 그 후에도 오랫동안 여성의 젖을 먹으며 여성의 보살핌을 필요로 하는지……."

고집불통들은 대부분 단순한 두뇌의 소유자들이다. 이들을 설득하려면 논리적 오류를 찾아내는 것 외에 질문법도 있다. 질문을 통해 스스로의 허점과 오류를 깨닫게 하는 방법이다.

백인이야말로 우월한 족속이라고 믿는 사람들이 있다. 이들은 심정적으로는 아직도 KKK단이다.

"백인은 우월하다! 백인은 위대하다!"

"누구보다 우월하다는 말인지?"

"당연히 유색 인종보다 우월하지."

"유색 인종이라면 누구를 말하는가?"

"흑인, 동양인, 폴리네시아인……."

"동양인이라면?"

"중국인, 필리핀, 코리안……."

"일본인도 동양인이고 유색 인종인데?"

"그건……."

이 질문에 미국 등의 보수적 백인들은 당황하는 경향이 있다. 그들은 오랫동안 일본 제품을 사용하며, 일본인은 비동양인, 비유색 인종이라고 생각해왔기 때문이다.

"계속 물어보겠다. 미국 백인들은 어디서 살았는가?"

"유럽에서."

"선사시대 유럽인들의 조상이 아프리카에서 왔다는 걸 아는가?"

"그게……."

이 부분에서 그들은 또 말문이 막힌다. 유럽인의 조상이 아프리카 출신이란 걸 교과서에서 배웠기 때문이다.

고집불통도 일종의 질환이다. 혼자 잘났다고 생각하기 때문에 사실은 굉장히 외롭다. 고집불통을 고쳐주는 건 당신에게도 이익이지만, 당사자에게도 큰 혜택을 주는 것이다.

대화로
풉시다!
나,
고집불통
나,
소크라테스

이름으로
표현하라

대통령에 당선되었으면서도 옛 정치인들과의 뚜렷한 차별성을 제시하지 못했던 미국의 포드 대통령은 취임식 서두에서 다음과 같은 한마디로 수많은 미국인과 세계인들을 웃게 만들었다.

"나는 링컨이 아니라 포드일 뿐입니다."

유머의 함축적인 표현 효과는 다수의 대중을 상대로 한 연설에서 훨씬 더 생생하게 드러난다. 대표적인 예가 위에 등장한 미국 포드 대통령의 취임 연설이다.

'포드'와 '링컨'은 사람 이름인 동시에 자동차의 이름이기도 하다. 그는 고급 승용차 링컨에 대중 승용차 포드를 빗대서 정치가로서 자기의 대중성을 강조했던 것이다. 그 절묘한 유머가 그에게 독자적인 이미지를 만들어주었음은 두말할 나위도 없다. 역사에 길이 남을 명연설은 아니지만, 자기의 정치적 성향이나 포부를 간결하게 표현하는 데는 부족함이 없었기 때문이다.

한국 스파이렉스사코의 박인순 사장은 영업 현장에서 보이지 않는 암초에 부닥쳤다. 영업 사원들이 회사 이름을 한참 설명하면 사람들은 엉뚱한 반응을 보였다.

"그러니께 스파이사에서 나오셨군요?"

"우린 스파이가 필요 없는데……."

흥신소도 아니고 미림팀도 아닌 건전 회사이건만 자꾸 스파이란 이름으로 인식하니 난감할밖에. 한국 정서에도 맞고 부정적 이미지도 벗을 겸 박 사장은 스파이를 빼고 회사명을 줄여 한(국스파이렉스)사코, '한사코'로 소개했다. 그러자 고객들이 쉽게 기억했다. 당연히 직원들도 사기가 오르고, 사람들에게 인기 만점의 명칭이 되었으며, 누구나 친근하게 인식했다.

'한사코 고객을 위해 최선을 다하는 회사'

'한사코 좋은 제품만 만드는 회사'

나훈아, 남진, 태진아, 앙드레 김, 세븐……. 자신의 가치를 높이려 이름을 바꾼 경우다. 물론 일반인들이야 이 정도까지 변할 순 없다. 그러나 유머를 살짝 가미하면 당신도 얼마든지 멋지고 재미있는 이름의 소유자로 바뀐다.

"메이저리그 안타 제조기 추신수 버금가는 최신수입니다. 미국에 있다 오늘 아침에 귀국했어요. 메이저리그가 한 주 쉬거든요."

유명한 사람의 이름과 자신의 이름을 결부시켜 기억시키는 유머 기법이다. 부모님이 지어주신 이름이 괄시당하지 않고 존경받을 수 있도록 최선을 다하는 게 무엇보다 중요하겠다.

경제적인 측면에서 이름의 유머화는 의의가 크다. 코카콜라나 삼성이란 이름은 수십억 달러 이상의 브랜드 가치가 있다. 기억하는 사람들이 많아서다. 김진배는 평범한 이름이다. 명함 교환하고 3일이면 김진배인지 김중배인지 가물가물해진다. 그러나 '기지배'란 유머가 가미되면 김진배란 이름은 오랫동안 기억된다. 강의나 상담, 집필에 대한 홍보를 위해 돈을 들이거나 이 사람 저 사람에게 홍보할 필요도 없다. 홍보비는 줄어들고 기억하는 사람은 많아지고, 꿩 먹고 알 먹고다. 'Time is money'에 이어 속담을 하나 더 만들 때가 되었다.

Humor is money!

스스로 고르게 하라

어느 걸 고르든지 남자의 의도대로 넘어가게 되어 있다. 이걸 보고 당신은 뭘 느끼는가? 남자가 음흉하다고? 원래 남자는 다 음흉하다. 늑대니 도둑이니 흥분하고 손가락질하기 전에 화술의 미묘함을 느껴보라.

인간은 원래 앞에 보이는 물체에 반응하게 되어 있다. 이런 심리를 정확히 파악해놓은 유식한 말이 있으니, 이름하여 견물생심(見物生心). 이 기법의 상세한 설명을 위해 타임머신을 타고 나의 청년 시절로 돌아가 소싯적의 연애 상황을 회상해보련다.

오랜 옛날 무덥던 날이다. 첫 만남의 설렘, 그녀가 너무 예쁘다. 눈, 코, 입술에서 몸매, 목소리까지 한마디로 '그녀는 예뻤다!' 당연히 또 만나고 싶었고, 난 간절히 그녀에게 물었다.

“다음 주에 또 만날 수 있어요?”

“글쎄요, 제가 요즘 바빠서…….”

“저기요…… 그런데…… 날…… 왜?”

그녀의 거절에 이은 중언부언, 그게 그녀와의 마지막이었다. 아니, 이럴 수가 있나! 수많은 폭탄밭 속에서 찾아낸 퀸카, 그녀가 날 안 만나주다니 도대체 이유가 뭐야? 왜 안 만나겠다는 거야? 왜? 수많은 날을 하얗게 지새운 끝에 그 비밀을 알 수 있었으니, 숱한 실패와 좌절 끝에 기적처럼 알게 된 평생의 비법을 전하는 장인의 심정으로 이제 천기를 누설하고자 한다.

그 일이 있고 얼마 후 우연히 들른 남대문 시장, 좌판 위에 올라선 상인 하나가 연신 박수를 쳐대며 “골라 골라”를 외치는 게 아닌가? 좋다는 말도 안 하고 사라고 애원한 것도 아닌데, 아가씨 아주머니 할머니 등 뭇 여성들이 그 남자가 외치는 대로 고르고 있었다. 헉, 이럴 수가! 고르라고 하니 고르는구나. 그렇다. 상대에게 비교되는 상품을 고르라고 하면 고르는 게 인지상정이요 조건반사다. 그 상인의 방법대로 내 화법을 바꾸어보았다.

“다음 주에 연극 볼래요, 영화 볼래요?”

너무 신난다. 계속 만들어보았다.

“다음 주에 에버랜드 갈래요, 롯데월드 갈래요?”

부사, 형용사, 관사, 조사, 감탄사…… 살도 붙여보자.

“스키 좋아하신다고 했잖아요. 아, 눈(雪)! 가슴이 떨리네요. 이번 주 주말에요, 기막힌 추억을 만들 수 있거든요. 얼마 전 방송 퀴즈를 맞추어서 이천에 있는 스키장 입장권 두 장을 얻었어요. 공짜라구요! 새하얀 눈밭, 원색의 연인들, 신나는 음악, 질주 본능……."

분위기가 달아오르며 그녀가 호기심을 보인다. 바로 이때다. 기민하게 두 가지 상품을 보여주며 스스로 고르게 한다.

"우리요, 낮 스키 탈래요, 밤 스키 탈래요?"

비몽사몽간에 무의식적으로 답이 나온다.

"밤 스키요."

"스키와 스노보드, 어느 게 더 좋으세요?"

"스노보드는 무서워요."

키야! 그녀가 어느 걸 선택하든 당신은 성공한 것이다. 주관식 질문을 들으면 답 고르기가 너무 어렵다. 일단 두뇌에게 물어본다. 보수적인 두뇌는 최악의 경우를 찾아낸다.

'삐비 삐비~ 이놈을 어떻게 믿나!'

그래서 거절을 하게 된다. 그러니 객관식으로 물어라. 그러면 두뇌에 가기 전에 입술만의 동작으로 답이 나온다. 마치 자판기에 동전을 넣고 누르면 자동으로 밀크 커피가 나오는 것처럼.

생각해보라, 당신도 주관식 문제에 얼마나 힘들어했는지를. 객관식, 그것도 둘 중 하나라니……. 일단 하나 찍고 보는 게 학창 시절을 보낸 사람들의 본능적 선택이요, 원초적 결단이다.

당신은 기업 인사팀 간부다. 연고지를 떠나 직원들을 타지로 보내는 일은 곤혹스럽기 그지없다. 서울에 있는 후배 직원을 2년간 지방으로 보내라는 특명을 하달받았다.

"김 대리, 광주와 전주 둘 중 하나를 선택한다면 어디서 근무하는 게 좋겠어?"

"광……."

"그래, 잘 선택했네. 사실은……."

인간은 자기가 선택한 일에 대해선 책임을 지는 경향이 있다.

누군가가 묻는다. "그래, 총각 시절에 이 방법으로 효과 많이 봤수?" 유감이지만 보안이 확보되지 않은 상태에서 그 질문엔 명약관화하게 밝힐 수는 없다. 마누라에게 당할 후환 때문에. 그러나 분명한 건, 만약 내가 만천하에 사실대로 밝힌다면, 그날부터 침대 밑에서 혼자 웅크리고 자야 한다는 것이다.

친구처럼 대하라

두 사람이 산길을 걷는데 갑자기 곰을 만났다. 걸음아 날 살려라 도망가다가 한 사람이 넘어졌다. 그러나 다른 친구는 쓰러진 친구는 본체만체 자기만 살려고 나무 위로 올라갔다. 곰이 넘어진 사람의 귀 근처에 입을 대며 마치 말을 하는 것처럼 동작을 취하다가 그냥 사라졌다. 나무 위에서 내려온 친구가 물었다.

"이보게, 곰이 뭐라고 하던가?"

"자네 같은 친구는 오래 사귈 사람이 아니라고 하더군."

이 세상에서 가장 아름다운 관계 중 하나가 바로 친구 사이다. 관포지교(管鮑之交), 붕우유신(朋友有信) 등 친구 사이를 나타내는 말들은 얼마든지 있다.

부모 자식 관계의 효도와 희생, 군신 간의 충성과 보호, 연인 사이의 사랑과 더불어 인간의 정을 느낄 수 있는 게 바로 친구 사이다.

물질 문명, 자본주의 사회가 발달하면 할수록 사람들은 스트레스에 지쳐가고 인간적인 정을 그리워하게 되어 있다. 이 점을 제대로 포착한 리더들이 뜨고 있다. 이름하여 '친구 리더십'이다.

아이들은 부모에겐 하지 않는 말을 친구에겐 모두 털어놓는다. 같은 관심사, 같은 취미, 같은 사고방식 등 동류 의식을 느끼기 때문이다. 친구 사이의 감정은 그만큼 감성적이고 이타적이며 무조건적이다. 논리 혹은 합리보다는 감정적으로 움직인다.

반면 사회는 철저하게 논리적으로 운영되고 있다. 수학적 사고, 컴퓨터적 행동을 하게끔 짜여져 있다. 이기적인 사회에서 약자는 힘들다. 아니 강자조차도 누군가의 도움 없이 혼자선 버티기 힘들다. 세렝게티 평원에서 얼룩말이나 누만 힘든 게 아니다. 초원의 왕인 사자도 병이 들면 하이에나에게 잡아먹힌다.

남자 셋, 여자 셋 나란히 걸어가는데 네 명의 껄렁이들이 와선 갑자기 우리가 보는 앞에서 우리 파트너 여학생들에게 수작을 건 적이 있다. 사람을 무시해도 이렇게 무시할 수가! 우리 친구 하나가 따지자 상대는 주먹을 휘둘렀다. 친구의 맞음은 곧 나의 맞음이요, 친구의 분노는 나의 분노였다. 용산에서 싸움이 붙어서 월계동까지 옮겨가며 밤새 난리가 난 적이 있다.

친구가 당하면 눈이 돌아간다. 내가 맞는 건 상관없다. 이게 친구 사이다. 우리가 잘했는지 잘못했는지는 상관할 바 아니다. 친구는 무조건 보호해야 하며, 의리는 피보다 진할 뿐이다.

친구 리더십, 친구 화법은 나름대로 분명한 특징이 있다. 우선 편을 들어준다는 것이다. "자네 말이 맞아." "잘했어." 친구 사이는 시시비비를 가리지 않는다. 무조건 네 말은 맞고, 상대가 나쁜 놈이다. 친구 사이엔 감정도 같이 느낀다. 친구가 진급에 떨어져 속상해하면 같이 속상해하고, 친구가 진급하면 내 일같이 기뻐해준다.

친구 리더십, 친구 화법을 비즈니스 세계에서 잘 사용하는 부류는 젊은 사람들뿐만이 아니다. 나이 지긋한 CEO 중 친구 화법을 사용하는 사람들이 많다. "자, 우리 지금부터 비즈니스는 잊고 친구같이 지냅시다. 자, 한 잔, 위하여!" 한국의 우정, 의리 문화, 술자리 비즈니스 등이 맞물려서 사무적인 화법보다 한 잔 술에 친구가 되어버리는 능력이 있는 사람들이 성공한다.

물론 반론을 제기하는 사람도 있을 터이다.

"아니, 결국 장사 해먹으려고 술로 상대방 이성을 마비시켜서 우리 사회의 부정 부패가 싹튼 게 아니오?"

맞는 말이기도 하다. 룸살롱 접대, 요정 비즈니스의 폐해 때문에 우리 기업인들이 글로벌 차원에서 손가락질을 받고, 외환 위기를 불러오는 데 일조한 것도 사실이다. 그러나 그렇다고 해서 친구 화법을 외면하는 것은 구더기 무서워 장 못 담그는 우를 범하는 것일 수 있다. 서양식 비즈니스 화법이 최고의 선이라고 생각하는 건 곤란하다.

한국적 풍토에서 생겨난 친구 화법은 윤리적으로 투명하게만 활용된다면 상당히 바람직한 것이다. 술기운을 빌리느냐는 다음 문제다. 좀 더 인간적인, 친근한 표현을 할 줄 안다는 것이야말로 얼마나 귀한 자질인가.

편들어주는 말도 그렇지만, 은근한 눈빛, 정감 넘치는 음성 역시 상대의 닫힌 마음을 여는 맥가이버식 만능 열쇠다. 주위에 보면 처음 만났는데도 십년지기 같고, 나에게 물건을 팔러 왔는데도 돌아가신 부모님 다시 보듯 자꾸 정이 가는 사람들이 있다. 친구 화법의 위력이다.

그럼, 이제 정리해보자.

첫째, 먼저 나의 마음 문을 연다.

둘째, 표정, 말투, 제스처에 꾸밈이나 긴장을 버리고 따뜻함과 배려를 보인다.

셋째, 상대의 주장에 기꺼이 편을 들어준다.

세 가지로 요약하라

경찰대학교 학생들이 범죄가 일어났을 때 범인을 색출할 수 있는 방법에 관한 강의를 아주 진지하게 듣고 있었다. 교관이 범인의 사진을 살짝 보여준 다음 감추고 말했다.

"여러분, 이것이 범인의 사진이다. 이 사람의 특징을 말해보도록."

한 학생이 대답했다.

"눈이 하나밖에 없는 못생긴 사람입니다."

이 말에 교관이 기막혀하며 대답했다.

"이 사진은 얼굴 옆에서 찍은 것이기 때문에 눈이 하나밖에 없는 것처럼 보이는 거잖아!"

교관은 다시 사진을 꺼내 슬쩍 보여준 다음, 두 번째 학생에게 똑같이 물었다.

"자, 이것이 범인 사진이다. 학생은 어떻게 하겠나?"

두 번째 학생이 답했다.

"저는 귀가 하나밖에 없는 사람들을 모조리 잡아들이겠습니다."

이 학생의 말에 교관은 지겹다는 듯 말했다.

"아, 글쎄 이 사진은 옆에서 찍은 거라고 말했잖아!"

그때, 세 번째 학생이 끼어들어 말했다.

"범인은 콘택트렌즈를 하고 있습니다."

"맞았어!"

교관이 이제야 제대로 맞히는 학생이 있구나 싶어 반기며 물었다.

"그런데 그 사실을 어떻게 알았지?"

교관의 물음에 세 번째 학생은 답했다.

"그거야 쉽죠. 범인은 눈이 하나이고 귀도 하나이기 때문에

안경을 쓸 수 없기 때문입니다."

우리 해군의 3대 기밀 방위 시스템

1. 택시 기사

2. 꽁치 그물

3. 어부

위에 나온 두 유머의 공통점은 무엇일까? 나쁜 놈 잡기? 아니다. 한국 유머? 아니다. 그럼 썰렁 시리즈? 물론 아니다. 답은 3이다. 세 명의 학생, 3대 시스템, 즉 3이 공통으로 등장한다.

한국인들은 3을 좋아한다. 유머도, 설명도, 광고도 3을 맞추어야 완성도가 높아진다. 3은 이미 우리나라가 삼한으로 불리우기 훨씬 전부터 우리의 마음속에 완전 숫자로 자리 잡았다. 당신은 최선을

다해 발표했는데, 왠지 상사에게 점수를 얻지 못하는 것 같다면 거기엔 이유가 있다. 답은 3에 있다. 당신이 무언가를 조리 있게 설명하고 싶다면 이렇게 말하라.

"그 문제라면 세 가지만 말씀드립니다."

"오늘은 세 가지만 말씀드리지요."

"우리 신제품은 세 가지 장점이 있습니다."

당신이 상대를 확실히 사로잡고 싶다면 이렇게 표현해보라.

"자기가 나에게 시집 와야 하는 이유 세 가지만 말해주지."

"오늘 모인 고객 여러분에게 세 가지 이익을 장담합니다."

"사장님은 세 가지 면에서 보상을 받습니다."

"오늘은 우리 지역 쌀의 장점 세 가지를 말씀드립니다. 첫째, 밥맛이 좋습니다. 둘째, 무농약 제품입니다. 셋째, 오리농법으로 웰빙 유기농이란 점을 말씀드립니다."

"우리 회사 연구팀에서 새로이 개발한 신제품 스마트폰은 세 가지 특징이 있습니다. 첫째, 무게가 아주 가볍습니다. 담배 두 개비 무게입니다. 둘째, 디자인이 아름답습니다. 셋째, 기능이 다양합니다. 전화, 시계, 전자계산기, 라디오, 랜턴, 카메라, DMB, MP3, 노트북, 모기 퇴치에다가 볼펜 기능, 폭발물 탐지 기능, 연인 탐지 기능(자신의 이상형이 주위에 접근할 때 벨이 울린다)까지 매우 다양합니다."

간혹 내게 질문하는 사람들이 있다.

"세 가지 말하겠다고 했다가 만약에 두 가지밖에 생각이 안 나면 어쩝니까?"

위기일수록 여유로운 미소를 띠며 말해보라. 3초 안에.

"셋째, 기타 등등."

꿈보다 해몽이
중요할 때가 있다

꿈보다 해몽이 좋은 사진관 주인이다. 난 이 주인을 옹호할 생각은 없다. 왜냐하면 유머 감각은 뛰어나지만 상대를 불쾌하게 만들었기 때문이다. 진정한 유머는 상대를 좀 더 유쾌하게 만드는 데 있다. 이런 점을 보완하여 유머 능력을 제대로만 사용하면 아마 사업도 잘되고, 훨씬 칭찬받는 사람이 되리라 생각한다.

강의 중 휴대전화 소리가 울린다.

드르륵.

"아니, 이게 무슨 두더쥐 땅 파는 소리래요?"

누군가가 진동 모드로 해놓았는데 소리가 상당히 크게 났다. 당사자는 얼굴이 벌게져 매우 민망해한다. 위로해주고픈 마음이 생겨났다.

"저런 분이 성공합니다. 나만 해도 세미나 참석할 때 매너 모드로 바꾼다 생각만 하곤 안 바꾸는 경우가 많습니다. 강의 방해될까 봐 매너 있게 매너 모드로 바꾼 저런 분들이야말로 미래의 성공자이지요."

휴대전화 진동 모드 예화는 실제로 내 강의 중 있었던 일이다. 처음에는 당황하고 어쩔 줄 몰라했던 그 사람은 강사의 칭찬에 양손을 올려 브이 자를 해 보이며 으쓱해했다. 사람들은 폭소와 함께 박수를 보냈다. 휴대전화 소리(불쾌)가 오히려 훌륭한 사람의 징표(유쾌)로 바뀌면서 비난받아야 할 사람이 스타가 된 것이다. 꿈보다 해몽 능력은 이렇게 유용하다.

해석 능력이야말로 정보화 시대, 아이디어 시대에 더욱 필요한 능력이다. 한 가지 사물엔 한 가지 의미만 있다는 구시대적 주장을 듣고 있자면 답답하다. 방송을 들어보면 이런 말이 심심치 않게 나온다.

"이런 건 이렇게 표현해야만 합니다."

"이상한 문자 메시지 보내지 마세요. 문법에 안 맞잖아요."

"표준말로 말해야지 사투리는 안 돼요."

하긴 이런 주장도 틀린 건 아니다. 요즘 젊은이들의 컴퓨터 언어는 얼마나 어지러운지 도무지 정신이 없다. 그러나 그런 표현들을 통제하자는 주장과 이해하자는 쪽 둘 중 하나를 선택하라면, 나는 과감히 후자를 택하겠다. 이제는 다양한 표현, 다양한 해석이 대세다. 미래 사회에선 고지식한 사람보단 독특한 사고를 가진 사람이 대우받는다. 표준말에 능한 사람보다 유머에 능한 사람이 인기를 얻는 세상이다. 남과 다른 생각과 행동을 하는 사람이 뜨는 시대가 된 것을 알아야 한다.

새롭게 해석하는 능력이 뛰어난 사람은 대인 관계에서도 그 가치가 빛난다. IT 솔루션 개발을 하는 회사에서 이 팀장이 회의를 주재하는 중 박신영 씨가 뒤늦게 회의실에 들어왔다. 순간적으로 이 팀장은 몇 가지 판단을 한다.

- 매사에 칭찬을 받아온 그녀가 태연한 듯 앉아 있지만 늦은 걸 스스로 부끄러워할 것이다.

- 팀의 영업 전략 프로젝트를 제대로 수행하기 위해선 그녀의 역할이 절대적으로 중요하다.

- 허점을 보이는 걸 죽기보다 싫어하는 그녀의 사기가 떨어질 수도 있다.

- 분위기를 반전할 필요가 있다.

"오호, 박신영 씨, 늦어도 당당하게 어깨 펴고 걷는 모습이 보기 좋습니다. 여러분, 이런 당당한 자세가 성공자의 모습입니다."

사실 이 방법은 나도 강의 중 자주 사용하고 있다. 강의 중 늦게 들어오는 사람이 간혹 있다. 어깨를 펴고 당당히 들어오는 사람, 죄지은 것처럼 고개를 푹 숙이고 들어오는 사람, 강사에게 인사하며 들어오는 사람, 강사 눈치 보면서 조용히 들어오는 사람, 늦은 게 부끄러워 아예 안 들어오는 사람. 이 중 제일 마음에 드는 건 "늦어서 죄송합니다!"라고 밝게 인사하고 당당히 들어오는 사람이다. 이런 사람을 보면 나의 장난 심리가 발동한다.

"다른 사람들은 늦게 오면 미안해서 고개 푹 숙이고 오는데, 이분은 아주 당당하군요."

이 말을 들은 회사 동료들이 배꼽을 잡고 웃는다. 이제 저 친구 야단 좀 맞겠구나 생각할지도 모른다. 이내 반전 드라마가 시작된다.

"저런 분이 성공합니다. 지각한 데는 무슨 연유가 있겠지요. 지각할 수도 있습니다. 부끄러울 수도 있을 텐데 당당하게 들어오는 여유와 배짱, 밝은 미소, 당당한 어깨에서 보이는 자신감, 배우려는 열망을 두루 갖추었군요."

이 정도면 반전에 따른 폭소와 함께 강사와 당사자에게 보내는 박수 소리가 교실에 가득 찬다. 지각을 한 사람이라고 해서 꼭 비난받아야 하는 건 아니다. 지각을 했음에도 꿈보다 해몽 능력이 있는 리더를 만나면 얼마든지 칭찬받을 수 있다.

요즘은 웬만한 백화점이나 할인매장에서야 환불이나 교환을 잘해주지만, 아직 소비자 입장에선 미안한 마음을 표하는 경우가 많다. 환불 담당자와 고객과의 대화다.

"어떡하죠……. 물빨래하면 안 된다는 걸 몰랐어요. 그때 판매

직원이 조심하라고 한마디만 해주었더라도……. 반품 안 되면 놔두세요. 에이……."

자신의 실수를 변명하기 위해 판매 직원에 대한 원망도 하고 눈치만 살핀다. 자, 어차피 반품해줄 거라면 고객을 기분 좋게 해보자. 이 상황에서 두 직원의 화법을 비교해보자.

- 직원 A : 아니에요, 손님 잘 오셨어요. 당연히 반품해드려야죠. 말씀 들어보니 우리 직원이 주의 말씀 드리지 않은 건 잘못이네요. 그리고 이렇게 반품하러 오신 덕분에 한 번 더 손님을 뵙게 되니까 회사 입장에서도 더 이익이에요.
- 직원 B : 어머 손님, 잘 쓰셨어야죠. 드라이하라고 거기 분명 라벨에 쓰여 있는데요. 바꿔는 드리지만 앞으로 주의하세요. 잠깐 기다리세요.

A의 대화를 보자. 고객 입장에선 칭찬받고, 자신의 의견 수용해주고, 게다가 이런 일로 오는 것도 회사에 이익을 준다니 자존심까지 챙긴 셈이 된다. 반면 B와 만난 고객 입장에선 환불은 받지만 떫은 감 베어 먹은 것처럼 기분이 떨떠름한 상태로 마음이 불편해진다. 이 회사에 대해 얼마나 많은 악평을 할지 불문가지다.

말 한마디의 중요성이 이렇게 큰 것이다. 꿈보다 해몽의 능력이 있는 한 사람들은 당신을 좋아할 것이다.

진실을 말하라

정치가들을 싣고 가던 버스가 도로를 벗어나 농장의 커다란 나무에 부딪쳤다. 근처에 사는 늙은 농부가 사고 현장으로 달려가 큰 웅덩이를 파고는 부상당한 정치가들을 모두 묻어버렸다.

며칠 뒤, 부서진 버스를 발견한 경찰이 농부에게 물었다.

"타고 있던 정치가들은 모두 어디에 있습니까?"

"다 묻어버렸죠."

"생존자가 하나도 없었단 말입니까?"

"몇몇 사람들은 자기가 죽지 않았다고 말을 했습니다만……."

"그런데도 땅에 파묻었단 말입니까?"

"하지만……."

농부가 억울하다는 듯 말했다.

"정치인들이 얼마나 거짓말을 잘하는지는 당신도 잘 알잖아요?"

동서고금을 막론하고 정치인들만큼 국민들에게 관심과 지지를 받으면서 동시에 손가락질을 받는 존재가 있을까? 실력, 능력, 애국심, 성실성 등 정치인들이 지탄받는 문제점은 여럿 있지만, 그 으뜸은 진실하지 않다는 것이다. "저를 뽑아주신다면……" 하여 뽑아주었더니 안면을 싹 바꾸는 경우를 얼마나 많이 보았는가. 자신을 뽑아준 국민을 속이고 희롱하고 고문하고. 낮에는 여당 밤에는 야당, 앞에선 국리민복 뒤에선 부정 부패, 남이 하면 불륜 내가 하면 로맨스로 돌아가니, 이 양반들 콩으로 메주를 쑨다 해도 믿을 수가 없다.

부정 부패계의 영원한 맏형 정치인에 이어서 경제인의 분식회계, 종교인의 헌금 횡령, 교육인의 제자 수당 갈취까지, 꼭 어둠의 자식이 아니라도 많은 사람들이 거짓을 선호한다.

그렇다면 거짓말하는 이유는 무엇일까? 진실을 밝혔을 때 그 결과가 두려워서일 수도 있다. 그러나 우리가 잘 아는 말대로 소수를 영원히, 다수를 일시적으로 속일 순 있지만, 모든 사람을 영원히 속일 순 없다. 묘에 회칠을 백날 해봤자 무덤이요, '유한 락스'로 수십 번 빨아봤자 한 번 걸레는 영원한 걸레다.

진실을 밝히는 건 힘이 있다. 감동을 준다. 요즘 투명 경영이 화두다. 그 가운데 리콜(recall)이 대표적이다. 리콜은 자기 회사 제품의 하자를 스스로 밝히는 행위로, 일시적으로는 여론의 타격을 입지만, 궁극적으로는 고객의 신뢰를 받는 행위다. 체면이나 자존심 때문에 스스로를 과대 포장하는 사람이 있는가 하면, 자신의 인간적인 면을 일부러 드러내 웃음과 함께 박수를 받는 방법을 잘 아는

방귀와
사랑은
감출 수가 없어요.
뿡

사람들도 있다.

강원룡 목사가 방송위원회 위원장으로 있던 때의 이야기다. 대한 민국 최고의 언어 마술사요, 표현의 연금술사로 인정받는 김수현 작가에게 선정성을 없애라고 주문했다. 그런데 얼마 후 다시 드라마의 선정성이 문제가 되자 강 목사가 해명을 하게 되었다.

"제가 김수현 씨에게 문제 제기를 하자 드라마가 건전해졌어요. 그런데 너무 재미가 없어졌더라고요. 그래서 도로……."

드라마에서 선정성을 빼니 마치 추어탕에서 산초를 뺀 듯, 자장면에서 양파를 뺀 듯 재미가 사라진 것이다. 평생을 바른 말만 하고, 기독교계에선 물론 사회의 원로로 볼 수 있는 강 목사 입에서 야한 장면이 있어야 재미있다는 말이 나오니 모두가 배꼽을 잡고 웃을 수밖에. 강 목사가 자신의 속마음을 말하여 일시적인 위신과 체면이 손상당했을 수도 있지만, 다시 생각해보면 그가 얼마나 큰 그릇인가를 단번에 보여준 사례다.

자, 이래도 저래도 안 통할 때는 약점과 부끄러움이 묻어 있는 진실 그 자체를 말해보자. 꾸미지 않고 포장하지 않은 속마음을 밝혀보자. 진실은 힘이 있어, 어떤 미사여구에도 꿈쩍 않는 사람들의 마음을 움직인다.

5

맞춤식 유머 센스

대인 관계의
비밀 병기

둘 중에 어느 게
본모습인가요?

내가 강의 중 잘 써먹는 방법이 있다. 유머 말투를 훈련하는 방법 중 하나인 건달 흉내를 능청스럽게 잘하는 사람들이 있다. 우선 칭찬해준다.

"너무 잘하시네요. 저런 분은 둘 중 하나입니다. 유머 천재이거나 아니면 원래 자기 성격이거나……. 둘 중에 어느 게 본모습인가요?"

교실에 있는 청중들이 박장대소한다. 한 사람이 유머 천재가 되기도 하고, 건달 같은 성격이 되기도 한다. 한 가지 행동에 두 가지 해석을 해주는 것이다.

얼마 전 한 교회 세미나에 가서 강의한 적이 있다. 그런데 진행자가 MBC의 김범도 아나운서 아닌가? 그 교회 성도 입장에서 사회를 보며 강사를 소개하게 된 것이다. 그런데 이 사람 은근히 초빙강사에게 시비를 건다.

"오늘 유명한 강사님을 소개하겠습니다. 근데…… 뭐…… 유명하다지만 저보다 덜 유명한 것 같네요……. 그래도 저는 일주일에 공중파 방송에 한 번씩 나오잖아요."

하긴 할 말이 없다. 나도 일주일에 한 번씩은 방송에 출연하지만, 공중파 방송과 여기저기 지방 방송을 왔다 갔다 하다 보니 덜 유명한 건 사실. 지방 방송 영향력이 미약하긴 하다. 오죽하면 농담 중에 지방 방송 좀 끄라는 말도 있잖은가.

물론 그렇다고 기가 죽을 내가 아니다. 나야 전국의 지방 방송을 순회하며 출연하는 국민 강사라는 무한한 자부심을 가진 터. 어쨌거나 저쨌거나 강사 소개하면서 이렇게 태클을 걸어오는 경우는 본 적이 없다. 보통 사람이라면 아마 화를 내거나 기가 죽었을지도 모른다. 그러나 유머 강사에게 내공을 시험해오는데 가만 있을 수 없는 일. 마이크를 잡자마자 되로 받은 것 말로 돌려주었다.

"그동안 강의장에 숱하게 서봤지만 이렇게 공격받기는 오늘이 처음입니다."

그러자 청중들이 배꼽을 잡는다. 그러면서도 내가 어떤 논리를 펼지 집중하고 있다.

"김 아나운서는 태클을 걸었지만, 전 칭찬을 하겠습니다. 왜 돼지 눈엔 돼지만 보이고, 누구 눈엔 누구만 보인다잖아요."

그러자 청중들이 또 한 번 폭소를 터뜨린다. 이 정도면 복수는 된 것 같은데, 마이크를 잡은 김에 이자까지 얹어서 갚아주기로 했다. 왜? 지금 마이크는 내 손 안에 있고 복수는 나의 것이니까.

"텔레비전 볼 때마다 김 아나운서 참 잘생겼다고 생각했어요. 참

꽃미남으로 나오죠, 여러분?"

그러자 김범도 아나운서가 기분이 좋은지 손가락으로 브이 자를 그려 보인다. 잠시 후 자신이 어떤 운명에 빠질지도 모른 채. 정말 인간은 한 치 앞도 모르는 존재다.

"그런데 아까는 못 알아봤어요. 오늘은 저분이 메이크업을 안 했잖아요. 메이크업했을 땐 분명 엄청 미남이었는데……. 우리나라 분장 기술이 이 정도로 탁월한지는 꿈에도 생각 못 했네요. 방송국 얼굴과 평소 얼굴 둘 중에 어느 게 본모습인가요?"

잘생긴 건 원판이 아니고 순 분장 덕이란 말에 박수와 웃음이 동시에 터져 나온다. 그중 김 아나운서가 가장 크게 박수를 치고 좋아하는 걸 보니 아마 내 유머 센스를 테스트해본 결과 대만족이었나 보다.

한 사람에게 있는 두 가지 상반되는 모습을 찾아내기가 이 화법의 핵심이다. 위 예화에 나오는 유머적 대화 말고도, 정색을 하면서도 시도할 수 있다.

이삼순 씨는 회사 간부들에겐 아부를 하면서 그 외 사람들에겐 안하무인인 사람이다. 회사 내 정의의 사도로 소문난 박삼식 씨가 이 모습을 보고 가만있을 수는 없다.

"이삼순 씨는 똑같은 경우에도 사람에 따라 사슴같이 웃기도 하고 하이에나같이 인상도 쓰는데, 둘 중에 어느 게 본모습인가요?"

결혼을 약속한 남자가 장인의 재산 분배에 불만을 품고 미적미적거린다. 이때도 효과가 있다.

"자기가 원하는 게 나야, 아니면 우리 집 재산이야? 둘 중 어느 게 자기의 관심사야?"

상대의 주장이나 요지를 두 가지로 단순화한 후, 당신이 원하는 건 이 중 어느 것이냐고 묻는다면 상대에게 강한 인상을 심어줄 수 있다.

변화무쌍한 말투로
무장하라

경상도 아저씨가 지하철을 탔다. 그러다 옆자리에 앉아 장난치는 학생들을 보곤 야단을 친다. '학생들 똑바로 앉아야지. 이게 모두 학생들 자리는 아니잖아?'라는 의미를 전달하려고 했다.

"이기 다 니끼다 이기가?"

그러자 학생 하나가 귓속말로 옆 친구에게 말한다.

"거봐, 내가 저 아저씨 일본 사람이라고 했지?"

그때 그 아저씨가 휴대전화를 꺼내 누군가에게 말한다. '어떻게 되었나요?'란 뜻이었다.

"우예 데쓰요?"

그러자 옆 친구가 고개를 끄덕인다.

"진짜 일본 사람 맞네."

어느 정도 유머 고수가 되면 여러 가지 재미있는 말투로 웃음을 유발할 수 있게 된다. 웃음에서 말투는 여러 가지 기능을 하는데 구연동화풍, 흥미진진한 말투, 애교 등 다양한 표현으로 효과를 발휘한다. 말투를 활용하는 방법을 알아보자.

- 충청도 말투 : 맨 끝음절을 길게 늘인다.

  "왜 그러신데유우?"

  "알았슈우."

- 경상도 말투 : 두 번째 음절에 악센트를 준다.

  "밥 문나?"

  "와카노?"

  "뭐꼬?"

  "저예?"

- 전라도 말투 : 맨 끝음절을 길게 뽑으며 높인다.

  "싸게싸게 가랑께."

  "괴기 잠 묵고 잡은디."

  "뭔일이당가?"

  "거시기가 거시기 항게……."

- 강원도 말투 : 맨 첫음절을 길게 뽑으며 높인다.

  "했어드래요."

“마이 아파~”

“배가 뜨그와.”

• 영구 말투 : 입을 헤 벌리고 이를 꽉 다문 채로 말한다.

“왜 그러떼요?”

• 어린이 말투 : 입을 크게, 끝을 길게 발음한다.

“만지지 마~”

“노올자~”

• 건달 말투 : 어깨에 과장되게 힘을 주고 눈을 찌푸리며 외친다.

“행님! 제가 해결하겠습니다, 행님.”

• 이방(내시) 말투 : 간드러지게 말하며 끝을 돌린다.

“들어오랍신다~.”

• 변사 말투 : 끝에서 두 번째 음절을 길게 늘인다.

“다이아몬드가 그렇게 좋더란 말이드으냐? ”

지겨운 말투를 좋아하는 사람은 없다. 당신의 말투를 신나고 재미있게, 변화무쌍 흥미진진 무지개 톤으로 업그레이드하라.

어록을 활용하라

- 우리는 행복하기 때문에 웃는 것이 아니고 웃기 때문에 행복하다. – 윌리엄 제임스

- 웃음은 거의 참을 수 없는 슬픔을 참을 수 있는 어떤 것으로, 더 나아가 희망적인 것으로 바꾸어줄 수 있다.
  – 코미디언 밥 호프

- 유머 감각이 없는 사람은 스프링이 없는 마차와 같다. 길 위의 모든 조약돌마다 삐걱거린다. – 헨리 워드 비쳐

- 그대의 마음을 웃음과 기쁨으로 감싸라. 그러면 1천 가지 해로움을 막아주고 생명을 연장시켜줄 것이다. – 윌리엄 셰익스피어

- 당신은 웃을 때 가장 아름답다. – 칼 조세프 쿠쉘

• 유머는 고무로 만들어진 칼이다. 즉, 유머는 당신이 피를 보지 않고도 주장을 밝힐 수 있게 해준다. - 메리 허쉬

유머와 웃음을 연구하다 보니 웃음에 대한 명언을 많이 수집하게 된다. 그 어록은 다시 나의 연구를 살찌게 한다.

어록은 유명인들의 말 가운데 가장 아름답고 멋들어진 명문장들을 모은 것이다. 어록을 활용하면 표현력을 배가시킴은 물론, 말하는 사람의 설득력을 높여준다.

• 내 사전에 불가능은 없다. - 나폴레옹
• 국민의, 국민에 의한, 국민을 위한. - 링컨
• 나의 죽음을 적에게 알리지 말라. - 이순신
• 나의 소원은 첫째도 통일, 둘째도 통일, 셋째도 통일이다. - 김구

모두 너무나 유명한 명문이다. 어록이라 해서 하나의 문장으로만 이루어진 게 다는 아니다. 소크라테스의 4단계 인생 교훈을 보면 어떻게 살아야 하는지 교훈을 준다.

어려서 겸손해져라.
젊어서 온화해져라.
장년에 공정해져라.
늙어서는 신중해져라.

이러한 어록 인용의 장점은 다양하다.

첫째, 자체가 명문으로 언어의 완성도가 높다.

둘째, 위인의 권위를 빌려오는 효과가 있다.

셋째, 상대가 쉽사리 반박하기 힘들다.

요즘 젊은이들은 기존의 명언을 살짝 비틀기도 한다. "국가가 당신을 위해 무엇을 할 수 있는지 묻지 말고, 당신이 국가를 위해 무엇을 할 것인가를 생각하라"라는 케네디의 명언을 비틀어 "마누라에게 무엇을 해줄 거냐고 묻지 말고, 마누라를 위해 무엇을 할 것인가를 생각하라"로 재치있게 변형하는 식이다.

요즘 드라마나 영화가 뜨는 데는 여러 요인이 있지만, 그중 주인공의 어록이 큰 영향을 미친다. 그만큼 현대인들은 멋진 말에 감동을 받고 세련된 표현에 굶주려 있다는 반증이다.

얼마 전에 이혼하고 홀로 딸을 키우는 시인 신현림의 글을 읽었는데 잊혀지지 않는 문장이 있었다. 이런 게 어록이 되는구나 생각이 들었다.

"여자에게 독신은 홀로 광야에서 우는 일이고, 결혼은 홀로 감옥에서 우는 일이다."

당신이 멋진 표현력을 가지고 싶다면, 우선 당신이 감동받은 어록들을 정리해보자. 그리고 적절한 자리에 나갈 때마다 마치 양복에 어울리는 넥타이를 착용하는 것처럼, 투피스에 어울리는 멋진 핸드백을 준비하는 것처럼, 명문장을 동반하고 외출해보라. 그러고

이럴 때
쓸 만한
어록이 있는데…

아!
여깄습니다.

는 만나는 사람들에게 준비한 어록들을 구사해보라. 마음속으로부
터 우러나오는 찬사와 박수가 쏟아질 것이다.

비유로 설명하라

베짱이와 국회의원의 공통점

- 놀고먹는다.

- 소리가 시끄럽다.

- 찬바람이 불면 꼼짝 못한다.

- 잔디가 잘 깔린 곳에서 흔히 볼 수 있다.

- 후대를 위해 표본으로 만들 필요가 있다.

- 겉보기에는 큰 해가 없으나, 일할 맛 안 나게 만드는 특출한 재주
  가 있다.

정치인과 개의 공통점

- 가끔 주인도 몰라보고 짖거나 덤빌 때가 있다.

- 먹을 것을 주면 아무나 좋아한다.

- 어떻게 짖어도 개소리다.

- 자기 밥그릇은 절대로 뺏기지 않는 습성이 있다.

- 매도 그때뿐 옛날 버릇 못 고친다.
- 미치면 약도 없다.

너무 냉소적이 아닌가 생각도 되지만, 비유를 통해 요즘 정치인들의 가치와 현상을 정확하게 그리고 간결하게 집어내고 있다. 경제성과 정확성, 이게 유머의 장점이다.

유머 센스를 높이려면 비유에 능할 필요가 있다. 비유는 듣는 사람에게 구체적이고도 입체적으로, 그리고 무엇보다 명료하게 사물을 인식시킨다는 장점이 있다. 비유에는 직유('마치 ~처럼' '흡사 ~하듯이')와 은유가 있다.

- 직유 : 위기의식에 쫓기며 육십 리 길을 내달아오는 동안 정하섭의 곤두선 신경은 산소 용접기에 닿은 쇠붙이처럼 무수한 불똥을 튀기며 타들었다. – 조정래, 《태백산맥》 중에서
- 은유 : 열차가 (…) 옆구리를 찢고 사람들을 토해냈다.
  – 박민규, 《카스테라》 중에서
- 직유와 은유 : 병력이 (…) 범람한 물처럼 한길을 찰랑찰랑 채우고 흐르다가 독립문에서 물살은 조용히 양쪽으로 갈라졌다.
  – 박완서, 《그 산이 정말 거기 있었을까》 중에서

실제로 발표되었던 유명 인사의 표현 중 비유 화술을 살펴보자.
몇 년 전 국회에서 일부 정치 안건에 대해 민주노동당이 열린우리

당 편을 들자 한나라당이 비난을 했다. 이에 당시 민주노동당 심상정 의원이 비유로 답했다.

"민주노동당과 열린우리당의 간격은 실개천이다. 그러나 한나라당과는 큰 강물이 있다."

비유는 상대에게 나의 의도를 명료하고 정확하게 전달한다는 점 외에 또 하나의 장점이 있는데, 바로 말에 생기를 불어넣는다는 것이다.

멋진 비유를 구사하기를 원하는가? 열 번 찍어 안 넘어가는 나무 없고, 서당개 3년에 풍월을 읊는다고 했다. 실패를 부끄러워하지 않는 칠전팔기의 실천이 당신의 비유 표현 능력을 키워줄 것이다.

제스처를 익혀라

"동양 사람은 입으로 이야기하고, 서양 사람은 몸으로 이야기한다"라는 말이 있다. 과장된 표정이나 몸짓을 되도록 삼가는 동양 사람들과 달리, 서양 사람들은 대화 도중에 다양한 눈짓이나 표정, 제스처 등을 즐겨 사용한다. 어깨를 으쓱하고 팔을 들어 올리며 눈을 치켜뜨는 모습은 우리가 서양 사람을 생각할 때 제일 먼저 떠오르는 이미지 중의 하나다.

하지만 서양 사람이라고 해서 모두 풍부한 제스처를 사용하는 것은 아니다. 가령 유럽만 해도 이탈리아처럼 말을 하는지 무용을 하는지 모를 정도로 풍부한 제스처가 일상화된 나라가 있는가 하면, 독일처럼 석고상에 가까울 정도로 뻣뻣하게 대화를 나누는 나라도 있다. 유럽인들의 이러한 차이는 다음과 같은 비유에서도 잘 드러난다.

"연설을 하고 있는 이탈리아인을 영국인이 멀리서 보면 마치 무대 위에서 코미디를 하고 있는 것처럼 보일 것이다. 하지만 독일인이 연단에 서 있다면 그는 신체가 마비된 사람처럼 보일 것이다."

이 말에서 드러나듯 이탈리아인들은 세계적으로 가장 풍부한 '보디랭귀지'를 갖고 있다. 오죽하면 찰스 디킨스가 "나폴리에서는 모든 것이 무언극으로 진행된다"고 했을까. 이를테면 이런 식이다.

두 사람이 생선을 놓고 흥정을 하는데, 판매자가 값을 부르자 구매자가 말없이 웃옷을 젖혀 보였다. 조끼를 안 입었음을 보여줌으로써 '난 돈이 없는 사람'이라는 뜻을 전한 것이다.

이번에는 한 친구가 입술을 다섯 번 만진 다음에 손으로 칼질하듯 허공을 수평으로 가르자 다른 사람이 고개를 끄덕였다. 5시 30분에 밥 먹으러 오라고 초대하자 친구가 그에 응한 것이다.

제스처의 실전 사용에서 가장 중요한 것은 손 처리다. 초보 연사 중엔 자신의 손이 어색해서 양손으로 마이크를 잡는 경우도 있다. 이러면 보는 사람도 어색하고 불편해진다.

두 손을 앞으로 모으는 앞 손 제스처는 공손하다는 게 장점. 공손한 이미지를 주려면 앞 손도 상관없다. 그러나 동시에 나약한 이미지를 일으킬 수 있다는 게 문제다.

군인들의 차렷 손은 예의 바른 인상을 준다. 그러므로 정확하고 절도 있는 자세를 보여주려면 사용 가능하다. 하지만 때로 경직된 인상을 준다는 게 단점이다. 그러므로 청중을 편하고 유머러스한 분위기로 이끌고 싶을 땐 가능한 한 피하는 게 좋다.

뒷짐 손은 당당한 인상을 줄 수 있다. 그러나 동시에 권위주의적인 인상을 줄 수도 있다. 특히 아랫사람이 상사 앞에서, 판매자가 고객 앞에서 취하면 상대에게 불쾌감을 줄 수 있다. 가장 바람직하기는 상황에 맞춰 손을 다양하게 이용하고 활용하는 것이다.

다음은 시선 처리다. 직장에서 초보 발표자의 문제점은 특정 부분만 오래 주시한다는 데 있다. 한 여성만 본다고 하자. 그 여성은 당혹감을 느끼고 다른 사람들은 따분해한다. 괜한 오해를 불러일으킬 수도 있다. 그러므로 좌에서 우로, 우에서 좌로 골고루 시선을 배분하도록 하라. 앞자리와 뒷자리도 시선을 배분하는 건 물론이다.

이제 기본 제스처 훈련을 해보자.

- 희망의 제스처 : 주먹을 하늘로 올린다.

- 칭찬의 제스처 : 엄지손가락을 올린다.

- 환영의 제스처 : 양 손바닥을 위로 한다.

- 거절의 제스처 : 양 손바닥을 바깥으로 한다.

- 세 가지로 요약 설명하는 제스처 : 손가락 세 개를 편다.

마지막으로 실전에서 유용하게 써먹을 수 있는 노하우 하나.

상대를 사로잡고 싶다면 동작이 말보다 1, 2초 정도 빠른 게 좋다. 제스처를 사용하고 말을 하지 않으면 묘한 긴장감이 생기며 사람들이 주의를 집중한다. 그때 말을 하는 것이다. 여기서! 말을 하지 않고 제스처나 동작을 너무 오래하면 답답하게 보일 수 있다는 점을 유의할 필요가 있다.

상대에게 자신의 뜻을 확실히 전달하고 싶다면 제스처만 한 것이 없다. 실험에 의하면 사람들은 언어를 통한 버벌 랭귀지(verbal language)로부터는 겨우 25퍼센트의 정보를 얻는 반면, 말 이외의 제스처, 표정 등 비언어적인 논버벌 랭귀지(nonverbal language)에 의해서는 무려 75퍼센트의 정보를 얻는다고 한다. 성공하는 리더가 되기 위해 제스처를 익혀야 할 또 하나의 이유다.

거절할 줄 아는
사람이 되라

모 대학 경영대학원 교수와의 대화다.

"김 교수님이 유머는 굉장히 오래 연구하셨죠. 최고로 유명하시잖아요?"

"최고인지는 모르겠지만 오래 연구한 건 사실이죠. 우리 아들 유머 센스는 어느 정도인지 모르겠네요……."

유머 강사 앞에서 아들의 유머 이야기를 꺼내는데, 그 눈빛이 샛별처럼 초롱하다. 무언가 기대하는 눈빛이란 걸 직감적으로 느낄 수 있었다.

"아드님 유머 센스가 대단한 모양이에요?"

"제 자식이라서가 아니라……."

유머 강사가 관심을 보여주자 돌연 아들 자랑 삼매경에 빠진다. 프로 골퍼에게 골프 자세 칭찬을 받으면 신이 나듯, 유머 강사에게 기다리는 건 결국 유머 센스에 대한 칭찬 아니겠는가? 좋아, 들어주고 나름대로 적당히 칭찬해주자. 하지만 나는 그의 이야기에 정말 빠져들고 말았다. 어린이의 유머 센스라기엔 상당한 내공이 실린 정상급 고수의 수준이었던 것이다.

앞집에 사는 아주머니는 공짜만 좋아하는 아주머니, 일명 '공짜 아줌마'. 세 글자로 줄이면 '공짜녀'. 인터넷에 오른 개똥녀만큼 악명이 자자한 분이었다. 그러니 누가 좋아하겠는가? 그날 역시 목표물을 발견한 그녀가 오늘의 주인공인 다섯 살짜리 아이에게 강력하게 다가섰다.

"철수야, 사과 먹니? 아줌마 좀 줘, 근데 고추 안 만진 손으로 집어줘라. 깨끗하게."

원래 어느 정도 경지에 도달하면 백수가 더 바쁘고 얻어먹는 사람이 더욱 큰소리 치는 법. 그 당당함이 가히 자기 집 냉장고에 있는 사과를 꺼내 먹는 것처럼 거침이 없다. 이때 말뚱말뚱 바라만 보고 있던 아이의 반격이 시작되었다.

"근데요, 왼손으로 잡고 오른손으로 털었거든요."

퍼펙트 게임이었다. 단 한마디에 그녀는 눈물을 머금고 돌아설 수밖에 없었다. 후일 들려오는 이야기에 의하면 그 아주머니가 원하던 것을 차지하지 못한 것은 그때가 처음이었으니, 과연 동네가 떠들썩할 정도로 회자된 일대 사건이었다.

원래 유머라는 게 모든 화법에 다 유용하지만 거절하는 데도 특효약이다. 아이의 거절 화법을 간략화하면 다음과 같다.

첫째, 당신이 원하는 대로 해주고 싶다.

둘째, 그런데 당신이 말한 바로 그 이유 때문에 해줄 수 없다.

사실 이 방법은 어린이가 아니라 어른이 사용했더라도 한 점 문제점을 지적할 수 없을 정도로 완벽한 화법이다. 정확히 말하자면 '유머형 거절 화법'.

나의 감정이나 나의 의견으로 상대를 거절하는 것은 하수적 방법이다. 상대에게 재반격당할 수 있기 때문이다. 그러나 상대의 무기를 빼앗아 공격하는 고수의 반격에 상대는 전의를 상실하게 된다.

프로 바둑 기사의 공격은 거칠지 않다. 남의 집에 불쑥 발을 집어넣는 거침도 없고, 무작정 시비를 거는 상대에 발끈하는 미숙함도 보이지 않는다. 유유히 흐르는 장강(長江)처럼 고요하지만, 상대의 무리수를 어김없이 응징한다.

화술도 마찬가지다. 고수들은 쉽게 흥분하지 않고, 상대의 말 속에 들어 있는 허점을 다시 상대에게 되돌려준다.

점심을 먹고 쉬고 있는데 자칭 고등학교 선배란 사람이 다짜고짜 회사로 찾아왔다.

"21기냐? 난 20기야. 1년 선배지. 동창 좋다는 게 뭐냐, 무조건 나만 믿어. 사인만 해."

진짜 선배인지 아닌지도 모르겠거니와, 나이 마흔이 넘었는데 선배랍시고 알지도 못하는 사람이 다짜고짜 반말로 나올 때 이미 기분이 상했다. 게다가 당장 필요하지도 않은 물품을 구입하라고 막무가내로 들이밀었다. 단번에 레드 카드를 뽑고 싶지만 그렇다고 칼로 무 베듯 냉정하게 거절하기엔 동창이란 점이 마음에 걸렸다. 대충 거절한다고 해서 그냥 물러갈 사람 같지도 않았다. 이때 비장의 무기 거절 화법이 떠올랐다.

"동창끼리 정으로 서로 돕고, 힘이 되자는 말씀 맞습니다. 그런데 무리한 부탁을 마지못해 들어드린다면 그 후유증으로 선후배 간의 끈끈한 정이 오히려 사라질 것 같은 생각이 드는군요. '비비동'. 비즈니스는 비즈니스, 동창은 동창. 비즈니스와 동창의 정은 정확히 구분하고 싶군요."

외부 사람의 부탁만 부담가는 게 아니다. 가족끼리도, 동료 사이에도 거절하고 싶을 때가 많다.

"김 주임, 오늘 이것 좀 해주게. 마누라가 저녁 먹자고 요 앞에 갑자기 왔어."

퇴근 시간 임박해서 갑자기 내미는 상사의 부탁, 얼추 잡아도 세 시간은 족히 걸리는 업무량이다. 30분 후면 그녀와 만나 저녁을 먹고 영화를 보기로 했는데, 이게 무슨 마른 하늘에 날벼락이고 아닌 밤중에 홍두깨란 말인가. 더군다나 이게 한두 번도 아니고 일주일에 두세 번은 퇴근 시간 다 돼서 부탁을 해대니…… . 부탁하려면 일찍 부탁을 하든가 미리 언질을 주어야 하는 게 아닌가. 부하 직원의 시간이라고 해서 상사 마음대로 뽑아 쓰라는 법이 있는 것도 아니고. 게다가 자신의 일을 부탁하면서도 상대의 입장에 대한 한마디 배려나 이해도 없는 그의 행태는 도저히 참을 수가 없었다. 이렇게 일을 시키고 나서도 나중에 회사 고위층에 가선 자기가 다 한 일이라고 칭찬을 가로채는 것도 얄밉고.

그러나 쉽게 거절의 말이 나오지 않는다.

"제가 약속이…….."

"어허, 이 사람 직장 생활하면서 어떻게 약속 다 지키나. 그냥 회사에 일이 생겼다고 해. 하여튼 요새 젊은 사람들은…….."

가늘고 길게 살려면 억울하고 분통이 터지고 여자친구에게 바보같이 보여도 그냥 상사 뜻대로 하라. 그러나 도저히 이건 아니라고 생각한다면 거절 화법을 적극 활용하자.

"사모님 서운해하실까 봐 시간을 만드시는 입장은 이해가 갑니다. 그러나 사모님이 서운해하시는 것처럼, 제 여자친구도 제가 지금 나가지 못하면 너무 서운해할 겁니다. 더군다나 일주일 전에 잡은 약속이거든요."

"아니, 새파랗게 젊은 사람이 막무가내구먼."

"젊은 사람은 젊은 도리를 지켜야 하겠지요. 마찬가지로 상사도 상사의 도리를 지켜야 한다고 생각합니다. 회사의 이익을 위해서 꼭 필요한 일이라면 회사의 규정을 분명히 만들었으면 합니다. 그러면 오늘 같은 당황스런 일은 예방할 수 있다고 생각합니다."

한국 사회는 합리적 계약 사회라기보단 전통과 위계 질서가 우선시되는 사회다. 그래서 부당한 부탁에도 울며 겨자 먹기로 수용하곤 한다. 그러나 언제까지나 이런 악습에 얽매일 수는 없다. 원만한 대인 관계나 생산성 향상을 위해서도 부당한 지시나 부탁은 사라져야 한다.

거절하지 못하고 일을 해주려면 기분 좋게 해주는 게 낫다. 그러나 불만으로 가득 차서 하는 일이라면 독이 될 수 있다. 일 해주고 뒤에서 욕을 하는 것보다는 차라리 앞에서 확실히 거절하는 게 정신 건강을 위해서도, 재발 방지를 위해서도 좋다.

아니다 싶으면 쿨하게 거절하라. 거절하지 못하는 것도 병이다. 한마디 더. 여자들에겐 부당한 부탁을 멋지게 거절할 줄 아는 남자가 섹시하게 보인단다.

동음이의어로 위기를 탈출하라

　미국의 역대 대통령 중 가장 존경받는 정치인 1위는 누구일까? 아마 링컨이겠지. 아니야, 워싱턴일걸? 혹 가문 좋은 데다가 젊고 미남인 케네디라고 생각한다면…… 오산이다! 바로 레이건이다. 아니, 레이건이라니? 그 삼류 영화배우 출신에다 고령의 대통령? 그렇다. 그러한 약점에도 불구하고 그가 지금 미국인들로부터 가장 존경받는 대통령이 된 것은 바로 여유와 배짱, 기지와 반전이 분수처럼 솟아나는 유머 센스에 있었다.

　정치인과 기자가 견원지간이란 사실은 누구나 다 안다. 레이건도 예외가 아니었다. 감세 위주의 공화당 정책에 반대하는 편에 서서 난감한 질문을 퍼붓는 기자들에게 순간적으로 감정이 폭발한 레이건은 "Son of bitch!"라고 비난했고, 이에 격분한 기자들은 티셔츠에 'SOB'라 크게 새겨 대통령에게 선물했다. 물론 레이건의 저속한 표현을 고발하고자 하는 이유에서였다. 하지만 유머리스트인 레이건은 똑같은 실수는 하지 않는 사람이었다. 그는 잠시 웃음을 보이더니 넉살스럽게 말했다.

"SOB라……. 당연히 'Saving of Budget(예산 절약)'이라는 뜻이 겠지요? 여러분의 충고를 명심하겠습니다."

이를 통해 비난 대신 오히려 정치적 대박을 터뜨린 건 물론이었다. 유머를 통해 티셔츠를 선물한 기자들을 머쓱하게 만들었을 뿐 아니라, 경제를 살리기 위해 예산을 절약하겠다는 그의 주장에 반대했던 사람들도 동참한다는 게 되어버렸으니 말이다. 동음이의어 기법을 통해 위기에서 탈출하고, 오히려 역이용하는 지혜가 눈부시다.

똑같은 글자가 두 가지 의미로 변신하는 기법, 바로 동음이의어 기법이다. 동음이의어라면 우선적으로 생각나는 것이 많다. 눈〔雪〕과 눈〔眼〕, 말〔言〕과 말〔馬〕, 배〔船〕와 배〔胃〕 등.

감이 있었다. 그런데 그 감은 너무 심한 스트레스를 받으면 홍시가 되는 습관이 있었다. 피부가 울퉁불퉁한 그녀의 얼굴을 빗대어 친구들이 놀렸다.

"야, 감자~ 감자~"

너무 속상한 감은 삐쳐서 이불에 얼굴을 파묻고 울었다. 장난에 죄책감을 느낀 친구들이 사과를 하기로 했다.

"미안, 감……. 잘못했어, 감……."

어느 정도 분이 풀린 감은 한 번만 더 사과하면 용서해주려 했다. 그때 아무리 사과를 해도 반응이 없는 감을 보고 한 친구가 물었다.

"감, 자?"

친구의 말에 감은 너무 열을 받아 홍시가 되어 그만 터져버렸다.

코미디언 김학래 씨가 연세대학교 동창 모임에 사회로 나와 사람들을 놀래켰다.

"사실 저도 연대 출신입니다."

동문들이 깜짝 놀랐다. 왜 몰랐지? 금시초문인걸? 그때 그가 웃으며 능청스럽게 말을 잇는다.

"논산훈련소 2연대 출신이라고요."

이런 식의 유머는 나도 써먹은 적이 있다. 서울대학교 학부생들을 대상으로 한 강의에 나간 적이 있었다.

"사실 저도 서울대 출신입니다."

그러자 박수와 환호가 터져 나왔다. 하지만 내 학력을 아는 일부 청중은 의아해했다.

"재수할 때 광화문 대성학원 서울대반이었죠."

이제 동음이의어 기법을 직장 현장으로 가져와 실전에 사용해보자. 근무 시간에 노닥거리기만 하는 부하 직원에게 과장이 호통을 친다.

"일들은 안 하고 놀기만 하니……. 여기가 사무실(事務室)이야, 아니면 사무실(事無室)이야?"

직원들이 멍한 표정을 짓자 과장이 한심하다는 듯 말한다.

"이제 보니 사무실(思無室)이군……."

하루에 10분씩 일주일만 동음이의어 기법에 시간을 투자해보라. 조금만 노력하면 당신도 유머의 귀재가 될 수 있다.

유명인의 예를 들어라

미국 케네디 대통령은 유머를 통한 반전에 남다른 능력을 지녔던 사람이다. 그가 43세의 젊은 나이로 대통령에 입후보했을 때, 상대는 산전수전 다 겪은 노련한 닉슨이었다. 당연히 선거의 쟁점은 '경륜이냐 패기냐'로 모아졌고, 닉슨은 우위를 점하기 위해 선거 기간 내내 케네디를 '경험 없는 애송이'로 몰아붙였다. 이에 대해 케네디는 어느 연설에서 이렇게 반박했다.

"이번 주의 빅 뉴스는 국제 문제나 정치 문제가 아니라 야구왕 테드 윌리엄스가 나이 때문에 은퇴하기로 했다는 소식입니다. 이것은 무슨 일이든 경험만으로는 충분하지 않다는 것을 입증하고 있습니다."

물론 케네디의 당선이 이 한마디 때문이었다고 말할 수는 없다. 하지만 그가 이 유머를 통해 닉슨의 '애송이론'에 대한 통쾌한 반격을 가했던 것만은 분명한 사실이다. 유권자들이 이미 경륜과 패기의 장단점에 대해 나름의 판단 기준을 갖고 있는 상황에서 장황한 반론은 그리 큰 효과를 갖기 힘들다. 그것보다는 야구왕의 은퇴 소식을 이용해서 '노장의 한계'를 유머러스하게 부각시키는 편이 훨씬 더 효과적이었던 것이다.

'테드 윌리엄스' 하면 모르는 사람이 많을 것이다. 당연하다. 우리나라 사람도 아닌 데다, 그는 이미 오래전에 은퇴했기 때문이다. 나이 들고 체력이 떨어지면 아무리 잘나가던 스포츠 스타도 물러나게 마련이다. 스타도 한때는 애송이였고, 애송이가 언젠가는 거물이 되는 게 세상의 이치다.

하나뿐인 팀장 자리를 놓고 경쟁 중인 상대가 나이를 무기로 태클을 걸어온다.

"자네 같은 애송이가 뭘 안다고 나서?"

이런 말을 들으면 기가 꺾이는 사람이 있다. 흥분이나 두려움, 걱정과 패배 의식은 일을 더욱 부정적인 결과로 몰아넣는다. 어깨를 쪽 펴고 미소를 지으며 당당히 받아쳐보자.

"홍명보가 은퇴한 것은 경력이 부족해서도, 실력이 모자라서도 아닙니다. 나이는 못 속이거든요."

이 응대가 너무 강하다면 조금 부드럽게 대응해보자.

"영원한 축구 스타 홍명보도 처음 시작할 때는 애송이였습니다. 저 역시 지금은 애송이라고 생각합니다. 그러나 10년 후 우리 회사의 홍명보가 될 자신이 있습니다!"

만약에 이 말 대신 '축구 잘하기로 소문난 김삼동 씨도 처음에는 형편없었지요. 어쩌고저쩌고……' 했다면 말하는 사람의 권위가 제대로 서지 않았을 것이다. 유명도가 홍명보에 비해 너무 떨어지기에 상대방이 그 이름을 알 리가 없다. 참고로 김삼동 씨는 요즘 상도동 모 조기축구 클럽에서 두각을 나타내는 축구 동호인이다.

꼭 스포츠 스타가 아니라도 좋다. 칭기즈 칸, 알렉산더, 빌 게이츠 등은 이미 누구에게나 잘 알려진 유명인이기에 자신의 주장을 완성시키는 데 부족함이 없다. 유명인은 그 유명도만큼의 설득력을 이미 갖고 있기에, 이 방법은 의외로 효과적이고 많은 사람들이 즐겨 사용하고 있다.

6

완전정복

유쾌한 인간 변신
10주 코스

나는 못난이

열등감과 피해의식에 젖어 수시로 무고한 사람을 공격하는 사람들이 있다. 이런 강박증 환자들에게 걸리면 조직 생활이 지옥으로 변한다. 이들의 표적은 주로 열심히 일하는 사람, 늘 웃는 얼굴의 인사성 밝은 사람, 생산성 향상을 위해 아이디어와 제안을 잘 올리는 사람들이다. 한마디로 조직을 위해 꼭 필요한 사람들을 참깨 볶듯 들들 볶는 아이러니가 기업 등 우리 사회 내부에서 오늘도 무수히 벌어지고 있다. 그들을 구제할 방법은 없을까? 우리가 잘 아는 링컨도 그런 피해자 중 하나였다.

링컨 대통령이 의회에서 괴팍한 성격을 가진 의원으로부터 비난을 받았다.

"당신은 두 얼굴을 가진 이중인격자요!"

그러자 링컨이 억울하다는 표정으로 반문한다.

"만일 나한테 얼굴이 두 개라면, 왜 이런 중요한 자리에 하필이면 이 얼굴을 갖고 나왔겠습니까?"

링컨은 잘난 사람이었다. 변호사에, 합중국 대통령에, 명연설가까지……. 누가 봐도 잘난 사람이다. 그러나 오리 세계에선 백로가 공격을 받고, 걸레 세계에선 비단이 배척받는 법. 악화가 양화를 구축하는 모순이 어찌 그 사회엔들 없었으랴.

링컨은 당시 미국 정계에서 뭔가 2퍼센트 부족한 사람에다 비주류로 인식되었다. 특히 남부 귀족 정치인들에게 링컨은 대통령 자격도 없는, 돌발적으로 뜬 돌연변이 스타에 불과했다. 게다가 외모도 남부 부유층다운 귀골상과는 거리가 멀었다.

경쟁자들이 끊임없이 시비를 걸었음에도 불구하고 그는 화를 내기는커녕, 오히려 스스로 자기의 외모를 유머의 소재로 활용하곤 했다. 이게 바로 '나는 못난이' 기법이다. "나는 잘났소" 하면 상대에게 비난의 구실을 주지만, 못났다는 사람에게는 공격할 방법이 없다. 순간적으로 못난이로 변신, 상대로 하여금 자신을 찌를 수 없게 만드는 유머 무림계 최고 고수들의 비법이다.

링컨은 알았다. 자신의 외모나 경력을 공격하는 그들이야말로 못난이 정치인들이란 것을. 그러나 그는 스스로 못난이라고 외쳐, 스스로 잘난 체하는 왕자병 정적들로부터 자신을 지켜낸 위대한 유머리스트였다.

틈만 나면 질투와 편견으로 공격하는 사람들에게 '나는 못난이'라고 외쳐보자. 이 표현이 수많은 공격을 막아내는 방패 역할을 해줄 것이다.

피해의식에 젖어 있는 직장 선배가 구소영 씨를 못마땅해한다. 그녀가 항상 밝은 얼굴로 직장 상사나 고객에게 인사를 하자 이내 상사들의 칭찬과 관심을 한 몸에 받게 되었고, 이에 질투를 느낀 선배는 그녀를 아부꾼으로 몰아붙였다.

"당신, 상사들 비위 맞추려고 여기저기 약삭빠르게 뛰어다니며 로비하는 거 같은데, 정치하는 거 아냐?"

이때 '나는 못난이 기법'은 안드로메다 성운보다 더 강력한 빛을 발휘한다.

"어딜요. 저 학교 다닐 때 100미터를 20초에 뛰었거든요. 선배님 말씀대로 한번 약삭빠르게 뛰어다녀봤으면 좋겠네요. 오죽하면 제 별명이 거북이였겠어요. 거북이 구씨잖아요, 제가……."

당신이 스스로 못난이라고 말하는 순간 상대는 순간적으로 타깃을 잃은 사격수가 된다. 아무리 명포수요, 아무리 총이 좋으면 뭐하나? 맞힐 대상이 없어져버린걸. 허허실실 자신을 비우는 못난이 기법이야말로 당신이 대인 관계의 승자임을 보여주는 증거다.

되치기

석가모니가 길을 가는데 건달이 비열한 욕을 하며 시비를 건다. 그래도 웃기만 하는 스승을 보고 제자들이 묻는다.

"스승님, 어찌 욕을 듣고도 웃으십니까?"

"난 욕을 안 받았네. 자네가 내게 금을 주면 내 것이나, 필요 없다 하면 도로 자네 것이 되지. 저 젊은이의 욕을 내가 받질 않았으니 그 욕은 도로 그에게 간 것이야."

이 말을 듣고 그 건달은 크게 깨달아 석가모니를 보필하는 측근 제자가 되었다.

받은 것을 도로 상대에게 돌려주고 있다. 씨름에서도 되치기가 상대의 힘을 이용하여 상대를 무너뜨리는 고급 기술이듯, 되치기 기법은 유머 기법 중에서도 고급 기법이다.

한 여인을 둘러싸고 예수에게 적대자들이 시험을 건다.

"예수여, 이 여인이 간음을 했습니다. 율법에 의하면 간음한 여인은 돌로 쳐 죽이라 했는데, 어찌하오리까?"

만약 예수가 죽이라 하면 그들은 예수를 사랑 없는 자라 할 것이고, 죽이지 말라 하면 율법을 어기는 자라 공격할 게 뻔했다.

"당신들 뜻대로 하시오."

"……."

"돌을 던지란 말이오. 단, 죄 없는 사람부터 돌을 던지시오."

이 말에 군중들은 부끄러움을 느끼며 하나둘 돌아갔다.

되치기란 상대의 뜻을 꺾지 않으면서도 궁극적으론 상대를 제압하는 묘한 힘을 가지고 있다. 일단 수용해준 후 상대의 논리를 이용하여 상대를 설득시키는 방법이다.

인간은 보통 상대의 공격에 두 가지 반응을 한다. 성격이 급한 사람은 흥분부터 한다.

"아니, 감히 나에게 욕을 하다니! 저놈을 당장 요절낼 거야!"

"아니, 간음한 놈은 왜 안 잡아왔니?"

이 방법은 대인 관계가 파괴되고, 항상 시비에 휘말린다는 약점을 가지고 있다.

또 하나의 대응은 분노를 속으로 삭이며 분해하는 것이다. 내성적이고 소극적인 사람들의 행동 양식인데, 스트레스와 분을 완전히 삭인 게 아니라 내면 속에 잠복시킨 것에 불과하다. 참을 때마다 스스로를 자학하며, 언젠가는 누적된 스트레스를 한꺼번에 폭발시켜 사회적으로 큰 사건을 일으키기도 한다.

수년 전 김홍신 의원이 현직 대통령을 향해 포문을 열었다. 공업용 미싱으로 거짓말하는 입을 막아야 한다고 한 것이다. 그러자 청와대 참모들과 당시 여당 국회의원들이 벌떼같이 일어나 김 의원을 공격했다.

정치인들을 바라보고 사는 국민들에게 분노가 넘치는 모습 대신 좀 더 여유만만한 모습을 보여주길 기대하는 건 과욕일까? 울분이 터질 때 상대를 공격하는 건 당연하지만, 표를 받아야 하는 정치인이라면 유머러스하게 해결했으면 어땠을까?

"거짓말을 하니 공업용 미싱이 필요하다고요? 다른 사람이라면 몰라도 당신에게 그런 말을 들으니 너무 재미있습니다. 어미 게가 어린 게에게 똑바로 걸으라고 화내는 모습 같군요."

초등학교 시절 친구들이 놀리면 스트레스를 받는 대신 빙그레 웃었다. 비장의 무기가 있었기 때문이다.

"메롱! 누구누구는……."

그때 놀리는 상대를 향하여 손바닥을 보이며 외친다.

"반사!"

더 반격하려면 이렇게 외친다.

"두 배로!" "무한대!"

아이들도 공격과 스트레스를 이렇게 멋지게 되치기로 대처하는데, 어른들이 상대의 공격을 요리하지 못해 스트레스를 받는다는 건 아무래도 불가사의한 일이다.

유쾌한 척하라

"나는 자주 유머를 사용한다. 아주 심각한 상황에서도 농담을 한다. 사람들이 내 유머에 익숙해지기까지는 한참이 걸린다. 내 유머가 항상 효과를 내는 것은 아니지만 대개는 효과가 있다."

굴지의 대기업 AT&T의 최고경영자였던 알렉스 맨들의 간증의 한 대목이다.

아무리 근엄한 사람이라도 기분이 좋을 때는 농담도 하고 웃기도 한다. 그렇지만 리더가 되기 위해서는 그것만으로는 충분하지 않다. 우울하고 불쾌하고 근심스런 상황에서도 겉으로는 유쾌한 유머를 구사할 수 있어야 한다. 그건 남들을 속이거나 기만하는 것과는 다르다. 리더에게는 조직원들을 안심시키고, 그들을 이끌어야 할 막중한 책임이 있기 때문이다. 이와 관련하여 알렉스 맨들의 말을 인용해보자.

"때로는 별로 기분이 좋지 않아도 긍정적이고 유쾌한 것처럼 행동해야 한다. 기분이 좋지 않다는 것을 겉으로 드러내서는 안 된다.

'지금 우리는 커다란 곤경에 처해 있다'는 식의 태도로는 조직을 전투장으로 이끌고 갈 수 없다."

리더가 유머리스트가 되면 조직에도 유머가 널리 퍼진다. 단순히 우스운 이야기가 퍼지는 것이 아니라 유머의 심성과 사고방식과 유머 감각이 퍼진다. 대통령이 유머를 즐기면 국민 전체가 유머를 즐기게 되고, 사장이 유머를 활용하면 직원 전체가 유머를 활용하게 되고, 간부가 유머 감각을 갖고 있으면 부하들 역시 차츰 거기에 익숙해지게 되는 것이다.

이것은 매우 중요한 변화를 가져온다. 의사나 심리학자들이 강조하는 바와 같이 유머와 웃음은 인간의 사고와 행동을 긍정적으로 바꿔주는 힘을 지니고 있기 때문이다. 실제로 유머 감각이 풍부한 사람은 혁신적인 아이디어를 자주 내고, 매사에 능률적이며, 대인 관계도 원만한 경우가 많다. 조직 전체를 이런 방향으로 변화시킬 수 있는 사람이라면, 그가 리더로서 성공하지 못하는 것이 오히려 이상한 일이 될 것이다.

　자연스럽게 웃는 게 억지 웃음보단 당연히 낫다. 그러나 사람이 어찌 항상 기분이 좋을 수 있겠는가? 이럴 때는 억지 웃음일지라도 웃지 않는 것보단 낫다. 불안하고 화가 난다 해서 매사 그런 기분에 휩싸이는 것은 스스로 감정에 휘둘리는 불안하고 나약한 인간이란 것을 만천하에 밝히는 것일 뿐이다.

　유쾌한 척하면 나중엔 정말 유쾌해지고 진짜로 행복해진다. 잠재 의식이나 무의식은 우리의 말과 행동에 영향을 끼치기 때문이다. 마음속 깊이 행복한 사람은 행복의 말이 나온다. 대학에 합격한 사실을 확인한 사람들의 첫 행동을 살펴보라. 합격을 확인한 사람은 소리를 지르고 웃고 환호한다.

　그런데 심리학자들에 의하면, 역으로 잠재의식이나 무의식 역시 우리가 하는 말이나 행동에 지배를 받는다는 것이다. 손님도 없는 조그만 구멍가게 주인일지라도 "난 행복해!"라고 몇 번 외치면 잠재의식이 영향을 받는다. 잠재의식 입장에서 보면 물론 처음엔 헷갈린다. '그럴 리가 없는데, 이 양반이 지금 괴로울 텐데…….' 그러나 계속 "난 행복해, 난 복받은 사람이라구. 신나는 아침이야"라고 말하면 잠재의식도 그 명령어를 받아들이고 실행시킨다. 잠재의식이 그 명령어를 진짜라고 받아들이는 순간 무한한 능력이 나타난다. 잠재의식은 사람의 능력을 극대화시키는 어마어마한 잠재력을 가지고 있기 때문이다.

　구멍가게가 깨끗해진다. 서비스가 달라지고, 상품이 달라지고,

고객 접대가 달라진다. 총각네 야채가게, 민들레 영토, LG, SK 모두 이런 과정을 거쳐 아무도 알아주지 않던 구멍가게에서 성공한 기업으로 거듭난 사례들이다.

마음만 있다면 방법은 어렵지 않다. 과장된 목소리를 내보자. 웃는 얼굴도 섞어서. 쾌활한 아침 인사부터 시작하면 어떨까? 이런 것들을 소위 생활 연기라고도 한다. 배우들은 행복해서 환호하는 것도 아니고, 기뻐서 웃는 것도 아니다. 그냥 연기하는 것이다. 그런데도 얼마나 실감나게 잘하는가? 우리도 마찬가지로 할 수 있다. 관객이나 시청자에게 검증받을 필요도 없고, 썰렁하다고 비난받을 걱정도 안 해도 된다.

행복한 사람 이상으로 멋진 사람은 바로 행복한 척, 유쾌한 척하는 바로 당신이다.

변장한 천사

인생은 그리 간단치 않다. "뭐 학교 다니고 회사 다니고 먹고 휴가 가고 보너스 받고 친구랑 놀고 뭐 대충 애 낳고……." 한 개그맨이 처음엔 자신있게 말하다가 이내 꼬랑지를 내린다. "고뤠~ 안 되겠다. 그럼 사람 불러야 돼." 인생이 쉬운 것 같지만 생각과 실제는, 이상과 현실은 너무 다르다. 그래서 〈한 많은 인생〉이란 노래도 나오고, '인생은 고달픈 나그넷길'이란 푸념도 나온 게 아니던가?

가난도 힘들고 병도 힘들지만, 아무려면 못된 사람을 만나는 것만큼 끔찍한 일이 또 있을까? 하여 옛말에 '머리 검은 짐승은 상대도 말라'거나 '호랑이 얼굴보다 더 무서운 게 원님 얼굴'이란 말이 나온 것이리라.

악연도 인연이라 하지만 사사건건 날 괴롭히는 사람을 만나면 정말이지 하늘이 미울 지경이다. 다음에 등장하는 사람들이 바로 그런 사람들이다.

한 여자가 남편과 사별한 지 몇 달도 안 되어 재혼했다. 그런데

새 남편과의 의견 충돌이 잦아 곧잘 싸웠다. 그날도 심하게 다투다가 새 남편이 그녀를 향해 비난조로 말했다.

"당신은 정숙하질 못해. 좀 정숙했다면 전남편과 사별한 지 불과 몇 달 되지 않아 재혼할 턱이 없지!"

그러자 여자도 지지 않고 비난의 화살을 당겼다.

"그래요, 그래서 이번에 과부가 되면 좀 더 오래 기다리도록 하겠어요!"

어느 날, 아무 일 없이 빈둥대던 김 병장이 얼마 전에 들어온 신참 이병을 불렀다 .

"야, 이병!"

"예! 이병 ○○○!"

"저기 누워 있어."

"옛!"

그러자 이번에는 다른 이병을 불렀다 .

"야, 너!"

"예!"

"너는 저 위에 직각으로 앉아 있어."

"예, 알겠습니다."

그러고는 그걸 한참 쳐다보더니 다른 이병을 불렀다.

"야, 너! 넌 저 옆에 쭈그리고 앉아 있어."

"예!"

이런 식으로 계속 후임병들을 괴롭히는 김 병장. 인사계 김 상사가 지나가다 김 병장의 이런 행동을 보고 의아해 물었다 .

"이보게, 김 병장! 자네 지금 뭐하는 건가?"

" 예! 좀 심심해서 애들 데리고 테트리스 하고 있었습니다!"

두 재혼 남녀는 말이 부부지, 원수가 따로 없다. 이 세상 만물 중 가장 나쁜 게 남 미워하는 인간이요, 그중에서도 가장 못된 짓이 악담하는 것이다. 남편은 아내의 단점을 지적하고, 아내는 남편이 죽기를 바란다.

무심코 던진 돌멩이에 개구리가 죽어나가듯 쥐꼬리만 한 권력만 있어도 부하를 괴롭히는 한심한 인간들도 있다. 자신의 심심함과 무료함을 달랜다는 이유로 불쌍한 후임병들을 괴롭히는 김 병장. 하긴 미국이나 영국 병사들도 포로들을 괴롭히는 걸 보면 인간의 악한 심성은 동서고금에 덜하고 더함이 없는 듯하다.

어찌 이들뿐이랴. 이 글을 읽는 사람에게 "당신에게 정말 못된 짓을 한 사람의 악행을 적어보시오" 하면 대부분이 A4 용지에 가득 적고도 뒷장에 마저 적을 것이다. 그렇다. 악한 인간은 있다. 이들은 결정적인 순간에 나타나 내게 폭행을 가하고, 욕을 하고, 배신을 때리고, 사기를 치고, 모욕을 하여 인생을 잡치게 한다.

그럼 어떻게 할지 심사숙고해보자. 재수 없는 인물을 계속 만나야만 한다면 스트레스만 쌓일 뿐이니까. 이럴 때 유머형 인간은 생각을 바꾼다. 상대를 미워하는 건 자유지만 그 와중에 내 마음이 상처를 받는다. 그러므로 누구를 미워한다는 건 사실 나 자신을 괴롭히는 행위다. 여기서 잠시 실험을 해도 좋다.

문을 걸어 잠그고 당신 가슴이 벌렁거릴 때까지 어떤 사람 욕을 1분 정도 해보라.

"&*^%$ 이런 @$^** 우라질!"

그리고 그에게 전화를 해보라. 1분 전과 기분의 변화가 있는가?

"아니 똑같은데……."

그렇다. 누굴 욕하고 미워해봤자 손해보는 건 그가 아니라 당신이다. 허니 이렇게 생각해보면 어떨까? 그들은 사실 악당이 아니라 천사들인데, 나의 성장을 위해 하늘이 악인의 가면을 쓰게 해서 내려보냈다고. 드라마나 영화를 보면 주연을 괴롭히는 조연들이 꼭 있다. 그런데 오히려 그들 때문에 주연이 크게 성공한다.

그들을 변장한 천사라고 생각하는 한 우리에게 스트레스란 없다. 오히려 고마운 존재 아닌가? 소크라테스도 악처와 살았다. 돈은 못

벌어오고 궤설만 늘어놓는다 하여 바가지를 심하게 긁었는데, 하루는 남편에게 욕을 해대더니 구정물을 끼얹었다. 그러자 소크라테스 웃으며 한마디 한다.

"천둥 소리가 나더니 소나기가 오는구먼."

장사를 하다 보면 찰떡 같은 고객보다 개떡 같은 고객을 만나기가 더 쉽다. 술에 취해 주인에게 함부로 욕해대는 고객, 상대의 말은 들어보지도 않고 짜증만 내고 휙 나가버리는 고객, 돈 안 내려 음식에서 머리카락 나왔다고 협박하는 고객……. 이들은 악인인가, 아니면 변장한 천사인가?

악인이라고 생각한다면 당신은 스트레스를 받게 되고, 급기야 사업을 접어야 할지도 모른다. 그러나 변장한 천사라고 생각하는 순간 당신은 그들에게 미소를 보일 것이며, 마음은 기쁨으로 가득 찰 것이다.

손님이 신경질을 내며 돈도 안 내고 문을 박차고 나간다. 홀에 있던 손님들이 다 쳐다보고 있다.

"아니, 이걸 설렁탕 국물이라고 주는 거야? 똑바로 해! 장사 해 먹으려면."

- 상인 A: 저런 개고기 같은 인간이 손님이라고 거들먹거리다니……. 나 더러워서 못 해먹겠네!
- 상인 B: 저런 손님이 나타날 때마다 음식, 위생, 서비스를 다시 한 번 생각하게 되니 참 고마운 일이야.

직원이나 손님 입장에서 어떤 주인을 더 존경하고 단골이 되겠는 가? 직장인도, 주부도, 학생도 마찬가지다. 변장한 천사를 당신의 인생 무대에 출연시킨 연출자의 뜻을 생각해보라. 그러면 그들은 더 이상 악성 바이러스가 아니라, 당신의 성공가도에 필요한 자양분이란 것을 알게 될 것이다.

상대적 행복감을 느껴라

아들의 성적표를 보니 초지일관, 일목요연 한 점의 흐트러짐도 없다. 전체 '가'. 그런데 저 멀리 무언가 색다른 게 보인다. 맨 마지막에 체육만 '미'. 뚫어지게 성적표를 보더니 고개를 돌려 부모로서의 의견을 피력한다.

"너무 한 과목에만 치중하는 거 아니냐?"

전 과목 '수'에 한 과목만 '우'를 받아도 불행해하는 사람이 있는가 하면, 전 과목 '가'에 한 과목만 '미'인데도 행복감을 느끼는 사람이 있다. 과연 누가 더 멋지게 인생을 사는 것일까?

현상학으로 보면 전자가 행복하게 보일지 모르나, 실존적으론 후자가 훨씬 행복한 인생을 살고 있다. 성적표엔 안 나오지만 긍정적 사고방식이란 과목이 있다면 그는 분명 '수'를 받을 것이다.

어리석은 개미는

자신의 몸이 작아

사슴처럼 빨리 달릴 수

없음을 한탄하고

똑똑한 개미는

자신의 몸이 작아

사슴의 몸에 붙어

달릴 수 있음을

자랑으로 생각한다.

어리석은 사람은

자신의 단점을 들여다보며

슬퍼하고

똑똑한 사람은

자신의 장점을 찾아내어

자랑한다.

'짧은 동화 긴 생각'이란 시에서 이규경님은 누가 진정 똑똑한 사람인지 비유를 통해 말한다. 상대적 박탈감은 우리에게 아무런 이익이 없다. 서울대 학생을 보며, 부자를 보며, 얼짱을 보며 상대적 박탈감을 느낀다 해서 변하는 건 아무것도 없다. 그러나 상대적 행복감을 얻는 방법을 가지고 있다면, 당신은 지금 당장 여러 가지 차원에서 커다란 이익을 볼 수 있다.

첫째, 스트레스를 받지 않는다. 평소 같으면 나는 다음과 같은 일에 스트레스와 짜증을 느낀다.

- 어제 강의가 하나 취소되었다.

  → 강의 안 들어온 것에 비하면 감사한 일이다.

- 날씨가 무더워지니 파리, 모기가 낮잠을 방해한다.

  → 날씨 추울 때나마 파리, 모기가 안 오니 감사한 일이다.

- 경유값이 하루가 다르게 올라 걱정이다.

  → 그나마 기름 넣을 차도 없던 시절에 비하면 감사한 일이다.

둘째, 미소를 가질 수 있다. 짜증을 내며 웃는다는 건 불가능하다. 그러나 행복감을 느끼면 저절로 웃게 된다. 요즘 기업마다 거액을 들여 직원들에게 스마일 훈련을 시킨다. 대인 관계가 좋아지고, 고객이 좋아하고, 동료가 좋아한다. 자연히 가정이 밝아진다.

죽으면 그나마 스트레스도 짜증도 없다. 그런 것도 살아 있는 자의 특권 아닌가. 상대적 행복감을 아는 당신은 꽃보다 아름답다.

I'm OK. You're OK.

두 농부가 싸우는 걸 본 황희 정승이 연유를 묻곤 한 사람에게 말한다.

"자네 말이 맞네."

다른 사람이 불쾌해하며 자신의 입장을 말하자 이번에는 그를 보며 말했다.

"자네 말도 맞네."

황희 정승의 말에 두 농부가 따지고 들었다.

"누구나 옳은 면이 있다네."

김성훈 씨는 조금 전 회식 자리에서 있었던 일을 생각하면 울화통이 터진다. 회사 선배 이 과장 때문이다. 정말 좋은 사람이라 생각해 사내 의견이 엇갈릴 때마다 이 과장의 편을 들곤 했는데, 믿는 도끼에 발등이 찍힌다더니……

"제가 요즘 요가를 하고 있거든요. 그게 성인병과 비만 탈출에……."

좌중의 관심을 끌려고 오늘 조간 신문에 나온 다이어트와 요가를 화제에 올리자 사람들의 관심과 시선이 자신에게 쏠리는 것을 느끼곤 은근히 흐뭇해졌다. 그런데 갑자기 찬물을 끼얹는 이가 있었으니, 바로 믿었던 이 과장으로부터였다.

"야! 그런다고 오래 사냐? 그냥 술이나 마셔. 갈 사람은 운동해도 일찍 가고, 오래 살 사람은 술을 퍼마셔도 오래 산다구. 자, 우리 시시한 이야기는 집어치우고 건배!"

김성훈 씨는 갑자기 멀티플렉스 복합 감정에 빠졌다.

- 자신에게 쏠린 관심이 사라진 데 대한 아쉬움. 특히 짝사랑하는 송자연 씨까지 이 과장의 한마디에 시선을 접었다.

- 자신의 말을 무시한 이 과장에 대한 적개심.

- 그러면서도 제대로 따지지 못하는 무기력한 자신에 대한 질책.

속으론 이렇게 외치고 있었다.

'당신이 선배면 다야! 남의 발언을 함부로 무시하고 말이야. 시시하다니? 선배일수록 다정다감하게 후배의 말을 받아줘야 되는 거 아니냐고! 그리고 술 마셔도 오래 산다고? 논리적으로 틀린 말이지. 말술이며 강골인 사람과 술 못 하고 약골인 사람을 단순 비교하는 건 모순 아냐? 같은 건강 수준인 경우 당연히 운동파가 말술파보다는 오래 사는 거 아니냐고…….'

이 과장은 사무실 직원들에게 평판이 좋은 사람이었다. 밥이나 술을 잘 사고, 남 어려운 일에 앞장서곤 했다. 이런 점 때문에 자신도 호감을 가졌던 것인데, 그동안 그에게 서너 번 당한 게 누적되고 보니 오늘은 너무 약이 올랐다. 이 과장은 다른 건 다 좋은데 남의 말을 함부로 무시하는 습관이 있었고, 자신은 그 습관의 최대 피해 자였던 것이다.

'이 과장이 좋은 사람임엔 틀림이 없다. 조직에 필요한 사람이란 것도 안다. 그렇기에 내가 이 과장에게 대든다면 일시적으론 스트 레스가 풀릴지 모르나, 인기 좋은 이 과장의 반격으로 오히려 따돌 림을 당할지도 모를 상황이다. 그렇다고 지금처럼 참기만 한다면 스트레스 때문에 더욱 무기력한 직장 생활이 이어질 것이다. 이 과 장의 말버릇을 고치면서도 분쟁을 피하는 방법은 없을까?'

그때 불현듯 황희 정승의 예화가 떠올랐다.

'그래! 너도 옳고 나도 옳고 화법을 써먹는 거야.'

얼마 후 회식 자리에서 일부러 똑같은 발언을 해서 이 과장의 핀 잔을 유도했다.

"야! 집어치우라고……. 운동은 무슨 얼어죽을……."

이 말이 나오자마자 김성훈 씨는 웃으면서 역습을 시도했다.

"그래요, 그 말도 맞습니다. 사람들이 술 좋아하면 소주, 맥주, 막 걸리 등 주(酒)식회사 주가 올라가고, 그 회사 직원들 형편도 피니 까 좋지요. 그러나 제 말도 맞다고요. 운동하면 술로 망가진 몸 회 복하니 좋고, 땀나니까 좋고요. 자, 제가 요즘 운동했더니 술이 잘 받네요. 한 잔 더 주세요!"

그날 유난히 씩씩한 김성훈 씨의 모습에 송자연 씨도 칭찬을 아끼지 않았다.

'상대 의견을 흠집내지 않으면서도 나의 의견을 관철시키는 Win-Win 화법을 내 것으로 만드는 거야. 이 과장, 당신 덕분에 오히려 비장의 무기를 얻었군. 역시 당신은 나의 무궁한 발전을 위해 하늘이 보내준 영원한 조연이라니까.'

'나도 옳고 너도 옳고(I'm OK. You're OK)'는 김성훈 씨에게 단순히 대인 관계 노하우를 익히는 것으로 끝난 게 아니고, 자신감을 불어넣어주었다. 굽었던 어깨가 펴졌으며, 칙칙한 표정이 밝아졌고, 불분명했던 목소리 톤 역시 또렷한 가운데 강한 울림이 있었다.

날이 갈수록 이 과장은 물론, 여타 직원들도 그의 당당함에 빨려 들어가게 되었다. 무엇보다 큰 소득은 송자연 씨가 호감을 나타내기 시작했다는 점이다.

'나만 옳고 너는 틀리다(I'm OK. You're not OK)'는 태도는 분노나 적개심으로 나타난다. 반면 '나는 틀리고 너는 옳다(I'm not OK. You're OK)'란 태도는 무기력감을 보이게 된다. 둘은 반대 같지만 실은 유사점이 있다. 세상을 보는 눈이 왜곡되었다는 점에서, 분노가 무기력으로, 무기력이 분노로 쉽게 이동한다는 점에서 그렇다.

자신을 사랑하는 사람이라면 남도 사랑하고, 남을 존중하는 사람이라면 자신도 존중하게 되어 있다. 그러므로 김성훈 씨는 하나의 좋은 화법을 익힘으로써 설득력 증진은 물론, 세상을 행복하게 살아가는 보너스까지 얻은 격이다.

유머 완전정복의 비결
–반복 연습

죽기보다 싫은 게 사람들 앞에서 마이크 잡는 거라고 생각하는 건, 단지 내성적인 사람만은 아니다. 처음부터 말 잘하는 사람은 없다. 회사에 행사가 있으면 누군가는 사회를 맡아야 하고, 누군가는 보고도 해야 한다. 이런 날이면 다른 모든 걸 다 할 테니 제발 마이크 잡는 것만은 시키지 말아달라고 애원하는 사람이 있다. 심지어는 음료수와 음식 나르는 일도 좋으나 사람들 앞에 서는 것은 죽어도 싫으니 빼달라는 사람을 자주 본다.

인간은 누구나 대인 공포증이 있다. 무대 공포증이나 연설 공포증도 대인 공포증의 한 종류다. 마이크를 잡고 사람들 앞에 서면 수많은 얼굴들이 나를 주시한다. 웃는 사람, 화내는 사람, 손가락질하는 사람, 시계 보는 사람……. 눈으로 그들을 봐야 하는지 연설문을 봐야 하는지, 인사말을 하고 고개를 숙여야 할지 고개를 숙인 후 인사말을 해야 할지, '안녕하십니까'라 해야 할지 '반갑습니다'라고 해야 할지 정신이 없다. 웬만한 강심장이라도 혼과 얼이 빠지는 경

힘을 한다.

그냥 입을 여는 것도 이렇게 힘든데, 유머도 하고 감동적인 제스처까지 날린다는 건 유치원생이 고등학교 수학 문제를 푸는 것처럼 어려운 일이다. 그러나 방법이 전혀 없는 건 아니다. 끊임없는 연습이 바로 그 답이다.

나의 유머 센스 올리기 비법 중 '수사반장' 프로그램이 있다.

수 : 수집
사 : 사용
반 : 반응
장 : 장기

일단 유머 하나를 수집한다. 처음엔 남녀 누구나 공감할 수 있는 유머가 좋다. 내가 많이 권하는 유머 중 두 편을 소개한다.

남편이 잠을 자다가 목이 말라 일어났다. 그런데 부스럭 소리에 깬 아내 하는 말.

"지금 할라꼬?"

힐끗 쳐다보곤 아무 말 없이 불을 켰더니 요상한 눈빛으로 쳐다보며 아내 하는 말.

"불 켜고 할라꼬?"

머리맡에 둔 안경을 찾아 썼더니 갸웃거리며 아내 하는 말.

“안경 쓰고 할라꼬?”

인상 쓰며 문을 열고 나갔더니 눈을 반짝거리며 아내 하는 말.

“밖에 나가 소파에서 할라꼬?”

못 들은 척 부엌으로 가 냉장고를 열고 물을 꺼내 마시고 있자니 침을 꼴깍 삼키며 아내 하는 말.

“물 먹고 할라꼬? 내도 좀 다고. 목 타네.”

한 컵 가득 주고 도로 들어와 잠을 청하려 하니 실망한 눈으로 쳐다보며 아내 하는 말.

“낼 할라꼬?”

어제 외박을 한 딸이 집에 돌아오자 엄마는 딸에게 거짓말을 할 때마다 ‘꽥’ 하는 소리가 나는 신기한 약을 먹이고 심문을 했다.

“너, 바른 대로 말해! 간밤에 어디서 잤냐?”

“친구집…… 꽥!”

그러자 엄마는 집요하게 또 물었다.

“그래, 이젠 거짓말까지. 너 남자랑 잤지?”

“이번이 처음…… 꽥!”

그러자 엄마가 벌컥 화를 내며 소리쳤다.

“세상에 어쩜 그럴 수가 있니? 이 엄만 말야, 너만 할 때 안 그…… 꽥! 꽥! 꽥! 꽥! 꽥!”

누가 들어도 쉽게 웃음이 나오는 소재들이다. 다양한 감정의 말투 훈련에도 딱이다.

자, 이젠 사용해본다. 우선 혼자 리허설 시간을 가져보자. 발음은 분명한지, 말의 강약은 매끄러운지, 호흡은 편안한지 체크한다. 충분한 연습이 되고 감정까지 자연스럽게 나온다는 확신이 선다면, 가까운 사람부터 전하라. 부인, 남편, 동생, 언니, 친구……. 이때 상대가 웃으면서 다음과 같은 반응이 나온다면 성공이다.

"너무 재미있다!"

"어쩌면 그렇게 유머 센스가 늘었니?"

"내용도 재미있지만, 네 표정과 말투가 더 웃긴다, 애."

그러나 안 웃거나, 웃어도 억지로 웃는 시늉만 하거나, 잘 못 알아들었다는 반응이 나오면 아직 여물지 않은 것으로 봐야 한다.

다시 호흡을 가다듬고 무엇이 문제였나 생각해보라. 내용을 다시 한 번 되새김질한 후 제2의 인물에게 전한다. 그래도 실패하면 제3, 4, 5……. 명단에 있는 사람에게 차례로 전한다.

지성이면 감천이라고 수십 번을 반복하면 어느 순간 갑자기 통하는 순간이 온다. 당신과 듣는 친구 그리고 유머의 신, 3자가 감응하는 순간 유머 업그레이드가 일어나는 것이다.

자, 이제 그 유머는 당신의 장기요 개인기가 되었다. 당신은 소위 유머 센스 넘치는 사람이 된 것이다. 반복되는 연습만큼 좋은 화술 연마 방법은 없다.

전문 강사인 나도 간혹 조건이 안 좋은 날이 있다. 강의 나가려는데 갑자기 전화가 와서 나와 친한 사람이 죽었다는 부음을 듣기도 한다. 머리가 멍하다. 우울한 심정, 분위기 딱 가라앉는다. 게다가 어제 축구 경기 중계방송 때문에 밤을 꼬박 새웠더니 잠이 모자라 하품만 나오고, 운동하다 다친 무릎 관절도 시원찮고, 지난 주 야간 레슬링에서 무리했는지 허리도 욱신욱신, 그 외 변비, 악성 종기, 아토피성 발진과 습진, 편두통, 설사, 코점막 건조증, 만성 피로, 수면 무호흡증, 달팽이관 이상, 조증, 울증, 틱 현상(눈깜박임), 안면 마비, 구안와사, 더부룩함, 척추 측만, 소화불량, 시신경 마비, 양복 지퍼 원위치 기능 마비, 자동차 펑크……. 이 모든 것에다 안경테 고정 나사까지 빠지는 최악의 날을 맞는 경우도 있다.

이럴 땐 당황할 것 없이 준비된 유머, 준비된 예화 위주로 강의를 진행한다. 여러 번 반복 연습된 것이기에 최악의 컨디션에도 최선의 결과를 가져오게 된다. 강의 후 사람들이 밀물처럼 몰려온다.

"와우! 정말 감동받았어요!"

"너무너무 도움되었어요! 책 어디서 사요?"

이럴 땐 나 자신에게 감동을 받는다.

'꾸준한 반복 연습으로 최악의 조건을 극복하고 성공했구나. 장하다, 김진배! 드디어 넌 프로가 된 거야!'

연습보다 더 중요한 건 없다. 실패를 두려워 말고 도전하라. 수많은 실패의 누적이 당신을 유머의 고수로 만들 것이다.

웃음의 절대량을 늘려라

한국 남자 주 0.1회, 한국 여자 1일 3회.

한국 성인 남녀 평균 웃음량이다. 세계 평균을 보자.

남자 1일 5회, 여자 1일 8회.

남녀 모두 미국이나 유럽은 물론, 남미, 중동, 인도, 동남아, 아프리카를 통틀어 세계에서 제일 낮은 수치다. 특히 우리 남정네들은 심각하다. 10주에 한 번 웃는 것도, 술에 만취했을 때나 예쁜 여성을 발견했을 때 겨우 발견되는 정도다.

"좀 웃으시오. 그리고 부하들에게도 웃음을 가르치시오. 웃을 줄 모른다면 최소한 빙글거리기라도 하시오. 만일 빙글거리지도 못한다면 그럴 수 있을 때까지 구석으로 물러나 있으시오."

이것은 처칠이 제1차 세계대전 때 폭탄이 떨어지는 전장의 참호 속에서 부하 장교들에게 했던 말이다. 목숨이 경각에 달린 전쟁터에서도 웃음을 잃지 말아야 한다는 처칠의 생각이야말로, 그를 위

대한 리더이자 탁월한 유머리스트로 만든 원동력이라고 할 수 있다. 그처럼 유머와 긍정적인 생각으로 가득 찬 인물이었기에, 전쟁의 와중에서도 영국인들에게 용기와 희망을 줄 수 있었던 것이다.

웃음의 이익은 막대하다.

- 한 번 폭소는 5분 조깅하는 효과가 있다.
- 장에 좋다. 장 협착증, 장 폐쇄 증세가 있는 사람은 웃어라.
- 피부에 좋다. 기미, 피부 트러블, 각종 발진에 효과가 있다.
- 척추에 좋다. 경추, 흉추, 요추, 미추 이상인 사람이나 고릴라처럼 항상 자세가 구부정한 사람이라면 자주 웃어라.
- 엔도르핀 생성으로 기분을 좋게 만들고, 불안, 짜증, 스트레스를 해소시킨다.
- 첫 대면에서 웃는 만남은 좋은 이미지를 만든다. 첫인상은 대인 관계의 70퍼센트를 좌우한다.

- 상대에게 호감을 준다. 자신감과 긍정적 사고방식이 보인다.
- 직원들이 웃으며 일하면 고객이 좋아하고, 업무의 생산성이 향상된다.
- 입사, 입학, 선, 미팅 등의 면접에서 합격할 확률이 올라간다.
- 웃으면 각종 복이 굴러 들어온다.

이렇게 좋은 점이 많지만 사람들은 웃지를 않는다. 왜? 이유가 있다. 조선시대부터 면면히 내려오는 엄숙주의와 권위주의 유교 문화, 풀릴 줄 모르는 불경기, 한심한 정치인들의 행태…….

다 맞는 말이다. 도무지 웃을 일이 없다. 그리하여 나 역시 이제는 우리 국민들이 웃지 않는 걸 당연하게 받아들이겠다. 그래서 오늘부터 유머 연구도, 유머 강의도, 유머 저서 집필도 쉬도록 하겠다……?

이럴 수는 없다. 불경기도, 정치인 행태도 물론 문제다. 그러나 가장 큰 원인은 우리 각자의 의지 부족, 연습 부족이다.

웃음 연습, 즉 웃음 트레이닝을 해야 한다는 말이다. 아니 웃음이 무슨 수영도 아니고 피아노도 아닌데 웬 연습? 수영이나 피아노 그 이상으로 중요하니까 연습하는 것이다. 연습 정도가 아니라 레슨에 맹훈련도 필요하다. 꾸준한 반복 훈련을 통해 내 속에 숨어 있는 웃음 인자를 끌어내보자.

웃는 방법은 각자 선택한다. 개그 프로그램을 보며 웃어보자. 아이들이 깔깔대고 웃으면 "재미있나 보지?" 하고 같이 웃는다.

〈프렌즈〉 등 외국 시트콤도 재미있지만 문화 코드가 맞는 우리나라 시트콤이나 드라마, 코믹 영화, 라디오도 얼마든지 웃음의 도구가 된다. 그러나 가장 바람직한 방법은 사람과 사람 사이의 만남을 통한 웃음이다. 이야말로 순도 백 퍼센트 청정 웃음이다. 마음이 맞는 친구와 식사하며 농담하기, 농담할 때 웃어주기, 아이와 재미있는 책 읽기, 유머 강사의 강의 듣기 등이 이런 류에 해당한다.

항상 즐거움을 주는 친구와 전화를 한다든가 쾌활한 친구와 만나 수다를 떠는 것도 좋은 방법이다. 내 경우 책을 쓰다 보면 하루 종일 서재에 혼자 처박혀 지내는 경우가 부지기수다. 그럴 땐 그냥 웃는다. 혼자 웃는다.

"이히. (배를 어루만지며) 똥배야, 이젠 네 갈 길을 가렴. 우린 너무 오래 동거했어, 그지? 킬킬……."

몸과 대화도 하고, 괜히 먼 산 바라보기도 하면서 히죽히죽 웃는다. 건강에 좋다면 무슨 일이라도 하지 않는가? 1킬로그램 감량을 위해 조깅에 몰두하듯 웃음에 용맹정진, 전력투구하자. 건강을 위해 늘려야 할 것은 야채 소비량과 웃음량이요, 줄여야 할 것은 짜증과 과식이다. 웃는 당신! 너무 매력적이다.

무대 공포증 없애기

사람들 앞에 서야 하고, 말해야 하고, 연기하고, 웃겨야 하는 무대. 가수와 개그맨 그리고 나 같은 강사들에겐 평생의 동반자인 무대. 무대에 서는 게 좀 만만하고 편하고 쉬우면 얼마나 좋을까? 그러나 무대란 게 참 묘해서 괴력의 천하장사나 스티븐 호킹 같은 천재들도 무대에 서면 빈혈이 있는 사람처럼 후들거린다.

마차를 타고 가는 신사에게 달려든 사자. 막 신사를 잡아먹으려는 순간, 신사가 사자에게 귓속말을 했다. 그랬더니 사람, 아니 사자 살려 하고 도망을 갔단다.

"잡아먹는 건 좋은데, 오늘 밤 만찬 스피치는 네가 대신해라."

고금불문, 동서불문하고 무대에 서는 건 떨리는 일이다. 그럼에도 매력 있는 일이다. 어차피 해야 할 일이라면 멋있게 청중들을 웃기고 감동을 줄 수는 없을까? 무대 공포증을 없애는 방법을 알아보자.

무대 공포증은 특정한 사람에게만 나타나는 건 아니다. 누구에게

나 나타난다. 보아, 동방신기, 이승엽, 신동엽, 마이클 조던, 노무현 등 모두가 한 번은 겪었다고 보면 틀림없다. 그러니 떨려도 부끄러울 건 없다. 아니, 떨리는 게 당연하다. 청중이 1천 명이면 눈은 2천 개다. 2천 개의 랜턴이 나만 비추고 있다고 생각해보라. 안 떨리는 게 비정상이다.

인간은 오랫동안 타인이나 동물들로부터 공격을 받았고, 우리의 잠재의식 속에는 날 노려보는 존재는 무서운 존재라는 체험이 각인되어 있다. 나 같은 강사도 순간순간 나를 바라보는 눈빛에 떨리는 가슴을 발견하기도 한다. 그럴 땐 내가 하는 일이, 강사란 직업이 부담스럽다. 하고많은 직업들 중에 왜 이 직업을 선택했을까 괴로워했던 날도 많았다. 극복코자 숱한 밤을 하얗게 지새우며 안철수 백신에 버금가는 긴장 퇴치 백신을 만들었으니, 그 긴장 퇴치 노하우를 공개한다. 이름하여 '김진배표 긴장 퇴치법'.

첫째, 무대에 서기 전에 화장실에 다녀온다. 확실히 효과가 있다. 화장실에서 거울을 보란 이야기가 아니다. 긴장이 되면 몸이 덥혀지는데, 배설과 함께 열이 빠져나간다. 특히 안면 홍조증에 특효가 있다.

둘째, 물을 마셔라. 역시 열을 내리는 데 효과가 있다.

셋째, 심호흡을 하라. 긴장을 하면 아드레날린이 분비되고, 심장 박동과 호흡이 빨라진다. 또 무슨 신경이 날카로워진다. 부교감신경 아니면 부교장신경인데, 내 기억이 맞다면 전자일 것이다. 심호흡을 하는 순간 꼬였던 입이 풀린다.

넷째, 천천히 말한다. 천천히 말하면 호흡도 진정될 뿐만 아니라 스스로 말이 잘 나오는지 버벅대는지 판단할 수 있다.

다섯째, 청중의 눈을 보지 않는다. 인간의 눈은 최고의 매력 포인트이기도 하지만, 가장 무서운 곳이기도 하다. 눈을 보지 않는다 해서 창문을 본다거나 원고만 보는 건 청중에 대한 도리도 아니고, 프로로 발돋움할 수도 없다. 눈을 보는 척 눈과 눈 사이를 보라. 눈 아니라도 볼 것은 많다. 눈 위의 이마, 쌍꺼풀, 인중, 콧구멍, 목, 차고 있는 시계 등 사람의 눈에서 반경 1미터 이내를 보면 된다.

여섯째, 추천하고 싶진 않지만, 마음을 진정시키려 독한 술 한잔 마시고 올라가는 사람도 있다. 한 번 정도는 경험상 할 수 있지만 버릇되면 곤란하다. 진실이 밝혀지는 순간, 영원히 도태될 수 있다.

일곱째, 떨린다고 스스로 고백해라. "저 지금 떨리거든요. 박수 좀 쳐주세요." 불쌍한 목소리로 말해보라. 특히 여성 청중들은 이런 경우 초특급 200마력짜리 모성애를 발동해서 더 격려해준다. 무대에 서보라. 여성 청중이 얼마나 고마운지 알게 될 것이다. 반면에 무덤덤 포커페이스의 원조인 남자 청중들은 인조인간 로봇이나 사이보그가 아닐까 의심가는 경우가 한두 번이 아니다.

여덟째, 경험이 약이다. 경험보다 더 위대한 스승은 없는 법. 한 30번 무대에 서면 청중의 성별이 구분되고, 60번 정도 서면 수백 명 중 한 명이 하품할 때 금이빨까지 다 보인다. 물론 강의가 수용되는지 겉도는지도. 그리고 100번 정도 서면 자신의 음성을 스스로 판별한다. 으흠, 오늘 발음이 잘 나오는군. 이 마이크 좋은데.

자, 여러 가지 방법을 둘러보았다. 그러나 가장 올바른 자세는 긴장을 즐기는 것이다. 긴장도 사실 필요하기 때문에 생기는 것이다. 프로들은 긴장이 전혀 오지 않으면 무대에 서기 힘들다. 우리에게 에너지를 주는 설렘, 기대 같은 것도 약해지기 때문이다.

긴장은 꼭 비와 같다. 너무 많아 장맛비같이 오면 곤혹스럽지만, 그렇다고 모하비 사막같이 전혀 오지 않아도 좋을 건 없다. 적당히 내리는 이슬비처럼 적당히 다가오는 긴장은 분위기를 촉촉하게 해준다.

우리가 두려워해야 할 유일한 것이 있다면, 그것은 두려움 그 자체이다. – 프랭클린 루스벨트

건강

건강한 자에겐 소망이 있고
소망이 있는 자에겐 모든 것이 있다.

– 아라비아 속담

이상 아홉 가지의 모든 조건을 다 갖추었어도 건강하지 못하다면, 바람 빠진 풍선처럼, 단팥 없는 찐빵처럼 직장이고 인생이고 모든 게 무의미할 뿐이다.

얼마 전 강의를 하며 참석자들의 소원을 말하게 한 적이 있다. 그랬더니 다음과 같은 사항들이 나왔다.

'강남 60평대 아파트 구입, 페라리 자동차 타기, 빚 다 갚기, 몸짱 만들기, 애인 구하기, 방학 때 성형 수술할 비용 마련, 박사 학위 취득, 가난한 사람 돕기, 엄마 고생 안 하도록 돈 모아 드리기, 구조조정 안 당하기, 투잡 실천하기, 내 사업하기…….'

그때 그분들 소원이 다 이루어지길 빈다. 사람들을 만나면 10인

10색의 소원이 있겠으나 크게 세 가지로 압축할 수 있다. 성공, 건강, 행복이다.

건강하면 성공하기가 훨씬 수월하다. 건강하면 행복도 얻기 쉽다. 건강 자체가 행복의 한 요소다. 몸이 아프면 웃음도 유머도 세 배나 멀어진다. 그러니 청년 시절엔 거저 얻는 건강, 이 건강이란 것이 사실은 엄청난 보화 같은 존재다. 아라비아 속담처럼 무언가를 이루려면 소망이 있어야 하는데, 건강하지 못하면 의욕도 수그러들고, 당연히 꿈을 이룰 에너지가 부족해져 연료 떨어진 자동차처럼 겔겔거리다 멈추고 만다.

건강을 떨어뜨리는 가장 심각한 요소는 질병, 노화, 스트레스 등이다. 자, 이것들을 어떻게 잡을까 연구해보자.

부모가 물려준 유산이 없어 공부도 못하고, 학력이 부족하니 밑바닥 인생으로만 빙빙 돌았던 사람이 있다. 청계천 을지로 바닥에서 욕설과 구타, 배고픔과 추위에 떨며 악착같이 기술을 배웠다. 타일, 상하수도, 욕조, 배관, 보일러, 목공 등 눈칫밥 먹으며 재주를 익혀 수십 년이 흐른 지금 그는 알 만한 사람은 다 아는 수십억대 자산가요, 최고 잘나가는 인테리어 사업가인 최 사장이 되어 있다.

이제 그 옛날 자신의 소망이었던 사장님이 되어 남들처럼 자가용 뒷자리에 앉아 여행도 다니게 되었고, 모임에 나가 후배 사업가들에게 격려도 하고 싶은데, 쉰 고개를 넘자 그만 심장에 이상이 왔다. 아마 젊은 시절 영양 부족과 열악한 숙식으로 인한 후유증을 앓고 있는 것으로 판단된다. 모든 걸 이룬 그. 그러나 안타깝게도 결과물을 누리기도 전에 모든 걸 잃을지도 모를 지경에 왔다. 안색은 창백하나 재기를 향한 집요한 눈빛을 보이는 그는 말한다. 젊은 시절 부와 존경이 자신의 목표였다면, 이제부터는 건강이란 목표를 향해 나아가겠다고. 그가 다시 건강을 찾는다면 진정한 성공자가 될 것이다.

우리 주위엔 건강을 잃고 괴로워하는 사람이 너무 많다. 수십 년 전 모두가 가난했던 시절엔 폐병 걸린 사람도 소설에서 멋있게 묘사되곤 했다. 건강한 사람이나 아픈 사람이나 살아가기가 너무 팍팍했기 때문이다.

그러나 풍요의 시대를 맞아 건강의 중요성이 확연히 드러난다. 건강한 사람은 열심히 일해 조직에서 진급할 수도 있고, 사업가로 전문가로 이름을 날릴 수도 있다. 그러나 건강하지 못한 사람에겐 너무나 약 오르는 시대가 아닐 수 없다. 그러므로 이젠 건강 만들기가 우리의 최대 지상 과제다.

조지 부시에겐 이란과 북한 등이 악의 축이라면 중년의 비즈니스맨에게 악의 축은 단연 ABC다.

- A(Alcohol) : 과음
- B(Busy) : 과로
- C(Cigarette) : 흡연

술은 내가 즐기는 용도로 마셔야 하는데 망가질 용도로 마시는 사람이 있다. 기억조차 나지 않을 정도면 이미 술을 마신 게 아니라 술이 그를 마신 것이다.

과거 우리 기업인들에게 흔히 붙는 묘사가 있었다. '몸이 부서져라' '밤을 낮 삼아' '졸린 눈 비비며'. 그 선배님들의 노고엔 감사의 기립박수를 보낼 용의가 있다. 그러나 이젠 그 열정으로 건강 과업을 이룩해보자. 운전 중 졸릴 때는 잠시 차를 세우고 잠을 청하라. 10분 낮잠이 십전대보탕이나 태반 주사 못지않은 보약이다.

또 기업체마다 금연 운동이 벌어지고 있다. 금연 실천가에겐 포상금도 내린단다. 몸에도 나쁜 담배 이번에 끊어보자.

건강은 나를 지켜줄 마지막 보증 수표다. 무엇을 주고라도 건강을 잡아라.

부록

결정적 순간의 유머

저를 놀리신다면

조선 중기의 학자이자 문신인 이항복은 〈오성과 한음 이야기〉의 한음으로 유명한 인물이다. 어린 시절부터의 벗인 오성 이덕형과의 일화로 친근한 그는 임진왜란과 정유재란 당시 여러 번 병조판서에 오를 정도로 선조의 신임을 받았으며, 그의 천재성은 왕과 뭇 신료들의 시샘을 받을 정도로 뛰어났다. 이항복과 선조의 다음 일화는 그의 유머감각과 천재성을 드러내는 유명한 일화다.

어느 날 선조가 이항복을 골리려 중신들과 짜고는 다음 날 궁에 들어올 때 계란 하나씩을 가져오라고 했다. 드디어 다음 날 임금 앞에 중신들이 모였다.

"짐이 경들에게 준비하란 것들을 가져왔는가?"

임금의 말에 중신들은 모두 품에서 달걀 하나씩을 꺼내어 임금께 바쳤다. 하지만 계란을 가져오라는 이야기를 전해 듣지 못한 이항복은 혼자만 멀뚱멀뚱 이것이 무슨 상황인지 쳐다보고 있었다. 중신들은 이항복을 손가락질하며 조선의 천재를 놀려먹은 기쁨을 만끽하고 있었다.

선조가 시치미를 떼고 말했다.

"어허, 어찌 경은 계란을 내놓지 않는 것인가?"

그러자 이항복은 "꼬끼오" 하고 닭 우는 소리를 내며 한마디를 했다.

"전하, 소신은 수탉인지라 알을 낳지 못하나이다."

이 말에 다른 중신들이 모두 얼굴이 벌게졌다.

적군의 수도 제한하라

영국에 맞서 독립전쟁을 승리로 이끌고, 미국 헌법의 기틀을 마련하였으며, 3선을 바라는 국민들의 요구에도 불구하고 재선을 마친 후 아름답게 자리에서 물러난 미국의 초대 대통령 조지 워싱턴. 오늘날까지 수많은 미국 국민들의 존경을 받는 그가 남긴 유명한 일화를 소개한다.

어느 날 미국 의회에서 설전이 벌어졌다. 한 의원이 미국의 군 병력 규모를 제한하는 입법 안건을 낸 것이다.

"미합중국의 상설 군대는 5천 명을 넘지 않아야 합니다."

가만히 듣고 있던 워싱턴이 한 가지 제안을 했다.

"좋소. 하지만 그 의견에 한 가지 조항을 덧붙이겠습니다."

워싱턴이 자신의 의견에 찬성하자 기고만장해진 제안자가 물었다.

"그게 뭐요?"

그러자 워싱턴이 말했다.

"앞으로 미합중국에 쳐들어오는 군대의 수는 3천 명을 넘으면 안 됨."

목숨을 건진 결정적인 한마디

박목월, 박두진과 함께 청록파 시인으로 불리는 시인 조지훈이 한국전쟁 당시 대구 피난 시절에 겪은 일이다.

조지훈 일행이 술집에서 젊은 군인들과 시비가 붙었다. 전쟁의 혼란과 술에 취한 군인 하나가 총을 들이대며 고함을 질러댔다.

"다 죽여버리겠다! 다 죽여버리겠어!"

이 소리에 조지훈 시인의 곁에 있던 문인들이 모두 사색이 되었는데, 조지훈이 벌떡 일어나며 한마디를 던졌다.

"아, 적을 피해 여기까지 왔는데 아군에게 죽는구나."

이 말에 소란을 피우던 군인들이 모두 부끄러워하며 돌아갔다고 한다.

나는 박사야

국문학자 양주동 박사는 스스로를 '인간 국보 1호'라고 칭할 정도로 자부심이 대단했다. '인간 국보' 양주동 박사는 《삼국유사》에 전하는 신라 향가를 해독하여 국문학사에 선구적인 업적을 남겼으며 시인이자 영문학자, 문학평론가로서도 이름을 떨쳤다. 양주동 박사는 그의 천재성과 함께 기인다운 일화를 많이 남긴 것으로도 유명하다.

양주동 박사가 모 대학 강당에서 초청 강연을 할 때의 일이다. 중국 고전을 열심히 강의하다가 갑자기 말문이 탁 막혀버렸다. 이야기 내용 중 등장인물 이름이 도무지 생각나지 않아 강의를 더 이상 계속할 수 없었기 때문이었다.

3초, 5초······.

좌중에는 침묵의 시간이 흘러갔다. 학생들은 숨을 죽인 채 양주동 박사의 얼굴만 쳐다보며 다음 이야기만을 고대하는 위급한 찰나였다.

시간은 계속 흘러갔다. 7초, 10초······.

장내는 여전히 쥐 죽은 듯 조용했다. 그런데도 양 박사는 기억이 나질 않자 안절부절못하다가 마침내 놀라운 기지를 발휘해 한마디 했다.

"나 같은 박사가 모르는 것을 학생들이 모르는 건 어디까지나 괜찮아."

그러자 좌중은 그의 위트로 웃음꽃이 터졌다.

그 정도의 질문이라면

상대성원리로 유명한 알베르트 아인슈타인는 미국의 여러 대학으로부터 강연 초청을 받아 쉬는 날이 거의 없었다. 그때마다 그의 운전기사도 뒷자리에 앉아 아인슈타인의 강연을 끝까지 듣곤 했다.

하루는 시카코 대학의 초청을 받아 가던 도중 운전기사가 장난삼아 아인슈타인에게 제의를 했다.

"박사님, 전 벌써 서른 번도 넘게 박사님의 강연을 들었기 때문에 모두 외울 수 있을 정도입니다. 박사님은 피곤하실 테니 오늘은 박사님 대신 제가 강연을 해보면 어떨까요?"

운전기사는 아인슈타인과 생김새까지 비슷했다. 아인슈타인은 잠시 무언가 생각을 하는 듯하다가 그 제안을 받아들였다. 그러고는 잠시 차를 세우고 차 안에서 운전기사와 겉옷을 바꾸어 입었다. 그뿐 아니라 서로 자리를 바꾸어 아인슈타인이 운전을 하고 운전기사는 뒷자리에 앉은 채 학교에 도착했다.

곧바로 강당으로 안내를 받은 가짜 아인슈타인은 보란 듯이 무사히 강연을 마치고 열렬한 박수를 받았다.

그런데 이때 문제가 생겼다. 뜻밖에도 강연이 끝난 후 대학교수인 듯한 사람이 어려운 질문을 했기 때문이다. 연단에 선 가짜 아인슈타인보다도 뒷자리에 앉아 있던 진짜 아인슈타인이 더 당황한 것은 물론이었다. 그러나 운전기사 복장을 하고 있으니 주책없이 나가서 대답할 수는 없잖은가.

이때 단상의 가짜 아인슈타인이 놀라운 임기응변으로 이렇게 말했다.

"아, 그 정도의 질문이라면 저의 운전기사도 답변할 수 있습니다. 어이, 여보게! 자네가 올라와서 설명해드리게나."

가슴을 졸이던 진짜 아인슈타인은 식은땀을 흘리며 얼른 연단으로 올라가 완벽한 답변을 해주었고, 위기를 무사히 넘길 수 있었다.

네, 독주 맞습니다

유머감각이 넘치는 한 스튜어디스의 이야기이다.

스튜어디스가 외국 손님에게 음료수를 한 잔 권했다. 손님은 "혹시 독주 아니냐?"고 농담을 걸어왔다. 그러자 이 스튜어디스는 이렇게 말했다.

"네, 사랑의 독주입니다. 한 잔 하시면 마음이 사랑으로 충만해질 겁니다."

스튜어디스의 재치 있는 대답에 그 손님이 "굿, 베리 굿" 하며 만족해했다. 유머감각이 부족한 스튜어디스였다면 독주가 아니라고 열심히 설명을 했을 테고 손님은 아마 김이 빠졌을 것이다.

07 헨리 4세
부칙

잉글랜드의 왕 헨리 4세 때의 일이다.

영국 국민들이 사치와 허례 의식이 들어 각종 호화 장신구를 하고 다니자 헨리 4세는 금은보석 등 호화 장신구로 몸을 가꾸는 것을 금지하는 법령을 공포했다. 그러나 전혀 효과가 없었다. 고민하던 왕이 다음과 같은 부칙을 추가 발표하자 모두가 이 법령을 지키게 되었다.

– 부칙 : 단 창녀와 소매치기는 이 법령에서 제외된다.

손님, 절 받으세요

조선 초의 재상 황희 정승은 청렴한 생활로 백성들의 존경을 받은 것으로도 유명하지만, 재치 있는 말솜씨로 여러 일화를 남기기도 했다.

어느 날 개망나니 아들이 그날도 술에 취해 비틀거리며 돌아왔다. 그러자 황희 정승은 아들을 꾸짖기는커녕 도리어 아들에게 큰절을 했다. 아버지의 행동에 정신이 바짝 든 아들이 외쳤다.

"아니, 아버님. 어찌 소자에게 절을 하십니까?"

황희 정승은 이렇게 말했다.

"말을 안 들으니 분명 우리 가족은 아니고 손님이시지요. 손님을 뵈었으니 인사를 드립니다."

그 후 아들이 크게 깨닫고 개과천선을 했다고 한다.

리허설이에요

　서울대 병원에 강의를 갔을 때의 일이다. 한참을 열띠게 강의를 하고 있는데 교수 한 분이 질문을 했다.

　"김진배 원장님, 병원에서 하는 강의는 처음이신가요?"

　"그건 아니고요, 다른 병원을 갔었지요."

　서울대 병원이 아닌 다른 병원에서 강의를 한 적이 있다는 말에, 교수님이 되물었다.

　"우리 병원이 일등 병원이니 강의도 제일 먼저 해야 되는 거 아니에요?"

　들어보니 그럴듯했다. 이런 분위기에서 말 한마디 잘못하면 분위기가 이상해질 것 같았다.

　'다른 병원이 아니라, 다른 회사에 간 건데 말이 잘못 나왔다고 할까? 아니면 별걸 다 트집 잡는다고 면박을 줄까?' 불과 2~3초도 안 되는 사이 별의별 생각이 다 났다. 하지만 애드립은 원래 3초 안에 해야 하는 법. 2.9초 정도가 지나자 기막힌 대답이 머릿속에 번뜩 떠올랐다.

　"다른 병원에서 강의한 거, 그건 리허설이에요."

　그러자 강당이 떠나갈 정도의 폭소와 박수가 터졌다.

분노, 질투, 비난, 저주, 상처, 한숨, 스트레스, 불공평 등 삶의 비인간적이고 어두운 면을 바로잡는 유머의 힘을 말하고 싶었다. 개는 개답게 새는 새답게 살아야 하듯, 인간은 인간답게 살아야 한다. 그런데 인간답게 살지 못하는 사람들을 우린 너무 많이 본다. 인간의 본래 마음은 사랑, 희망, 우정, 행복 등이다. 그러나 살다 보면 조금씩 어긋나고 왜곡되어 저주, 절망, 무기력한 인생을 살아가게 된다.

스트레스와 우울증으로 숨을 쉴 수 없다며 유머센터로 찾아온 회원이 있었다. 유머를 익힌 지 3개월 후 행복지수가 98퍼센트가 나왔다. 나는 이 책에서 무한한 경쟁의 삶에 톱니바퀴처럼 맞물려 지치고 소외된 현대의 직장인들에게 용기와 힘을 주고 싶었다.

어린 시절을 떠올려보면 소풍날은 혈색이 돌았다. 미소, 웃음, 쾌활, 명랑, 친절, 희생, 용기…… 반면 시험날은 갖가지 병이 다 난다. 감기, 몸살, 변비, 설사, 두통, 오한…… 두 날의 성격의 차이만큼 우리 기분 역시 상이하게 반응하는 결과다.

출근을 소풍날이라고 생각하는 사람은 몇이나 될까? 우리나라 전체 직장인 중 이런 사람을 다 모아 45인승 버스에 태우면 아마 널널하고 여유 있는 좌석이 될 것이다. 대부분의 직장인에게 출근하는 표정은 시험날의 표정이며, 출근의 스트레스는 시험날의 스트레스다.

출근이, 또 직장 생활이 소풍날처럼 신나고 유쾌할 수는 없을까? 방법은 있다고 본다. 바로 유머다. 힘들고 지겹지만 참자는 게 종교라면, 생각을 바꾸면 재미있는 거라고 말하는 게 바로 유머다.

출근, 회의, 상담, 영업, 기획, 생산……. 각 업무의 순간마다 유머라는 양념을 섞어보라. 그래서 퇴근 후 포장마차 속이 아니라, 일터가 바로 행복과 기쁨으로 넘치는 장소라는 걸 눈치 채길 바란다.

김진배 원장의 유머 프로그램

• 창의력과 아이디어 넘치는 모습이 되기를 원하십니까?

• 고객을 설득시킬 수 있는 재미있고 감동적인 화술을 원하십니까?

• 임직원들의 사기 진작과 생산성 향상이 요구되십니까?

• 원만한 대인관계와 리더십이 필요하십니까?

1. 유머 특강 프로그램(기업, 공공기관 출강)

  – 웃기는 리더가 성공한다(중간관리자 이상 리더 대상)

  – 유머가 인생을 바꾼다(전 직원 대상)

2. 송파구 센터 프로그램(개인)

  – 유머 스피치, 웃음 치유, 행복대화법

  – 대상 : CEO, 강사, 지도자, 주부, 학생, 레크리에이션 및 웃음치료 활

    동가, 유머 화법을 통해 성공과 행운을 얻고자 하는 사람

한국유머센터 02-473-5378

humor119@naver.com | www.humorlife.com

인생을 성공으로 이끄는

유쾌한 유머

초 판 1쇄 발행 2006년 2월 20일
초 판 32쇄 발행 2011년 4월 11일
개정판 1쇄 발행 2012년 8월 20일
개정판 6쇄 발행 2020년 4월 10일

지은이 | 김진배
펴낸이 | 한순 이희섭
펴낸곳 | (주)도서출판 나무생각
편집 | 양미애 백모란
디자인 | 박민선
마케팅 | 이재석
출판등록 | 1999년 8월 19일 제1999-000112호
주소 | 서울특별시 마포구 월드컵로 70-4(서교동) 1F
전화 | 02)334-3339, 3308, 3361
팩스 | 02)334-3318
이메일 | tree3339@hanmail.net
홈페이지 | www.namubook.co.kr
블로그 | blog.naver.com/tree3339

© 김진배, 2006

ISBN 978-89-5937-293-5 03320